반 박자 느려도 좋은 포르투갈

Portugal

Porto · Coimbra · Costa Nova
Aveiro · Obidos · Palmela · Lisbon
Sintra · Albufeira · Sagres · Lagos

반 박자 느려도 좋은 포르투갈

Portugal

Porto · Coimbra · Costa Nova · Aveiro · Obidos
Palmela · Lisbon · Sintra · Albufeira · Sagres · Lagos

권호영 지음

푸른향기
Prunbook Publishing Co.

한 박자 반 느린 포르투갈

한 박자 반 정도 느린 편이다, 나는. 한 박자 서두른 게 분명했는데, 한 박자 반만큼 뒤처지니 다시 그만큼 뒤에 있다. 띵똥땡똥 건반을 두드리는 손을 바라보며 연필로 딱 딱 딱 딱 박자를 맞추던 피아노 선생님. 창문 틈새로 뻗어 나온 햇살에 하얀 먼지들이 춤을 추고 있는 오후, 우리의 시선은 계란을 잡은 듯 동그랗게 모은 손을 향해 있다.

악보를 흡수하여 검은건반, 흰건반을 골라내는 것과는 다르다, 삶은. 그리고 여행은. 어제와 오늘과 내일은 벅차다. 빠르게 흐르는 구름 아래, 파르르 손짓하는 바람을 만져볼 새가 없다. 나뭇잎이 부딪혀 내는 사각사각 소리, 쨍그랑 소리, 지난밤의 빗방울이 또르르 흘러내리는 소리를 들을 새가 없다. 소설가 김연수는 말한다. '청춘은 들고양이처럼

재빨리 지나가고 그 그림자는 오래도록 영혼에 그늘을 드리운다.' 그랬
다. 시간은 세상 모든 고양이의 발걸음에 비례하여 둥글게 둥글게 회전
하고 있었다. 음악을 듣고 책을 읽는다. 눈썹처럼 짧은 시간이라도 가
만가만한 내 심정이 불안에 데지 않도록. 물과 햇빛 같은. 내게 없으면
안 되는 것들과 함께.

"모국어가 뭐지요?"
그는 조금 전에 이렇게 물었다.
"포르투게스(Português)."
'오'는 '우'처럼 들렸고, 올리면서 기묘하게 누른 '에'는 밝은 소리
를 냈다.
끝의 무성음 '스'는 실제보다 더 길게 울려 멜로디처럼 들렸다.

하루 종일이라도 이 소리를 들을 수 있을 것만 같았다.

포르투갈이 마음 한가운데로 이사 왔다. 『리스본행 야간열차』에서 그레고리우스가 간절했듯, 포르투갈어Português로 건네는 인사를 직접 듣고 싶은 순간이었다. 돌바닥을 직접 걸어봐야겠다는 심산이었다. 덜 컹거리는 노란 트램을 타고 바람을 맞는 시원함에 눈을 감아버렸다. 벽 돌색 바람이 머릿결을 흩트려 놓겠지만, 포르투Porto에서 시작해 이 동네 저 동네 기웃거리며 포르투갈을 내달려야만 괜찮은 방학이겠다. 그렇게 시작한 그 여름의 사소한 포르투갈 이야기.

Porto

Aveiro
Costa Nova

Coimbra

Sintra

Lisbon

Palmela

Sagres • Lagos • Faro

Contents

공항에서 긴급여권을 발급받다

어쩐지 일찍 도착했다 싶었다

여행 전 증후군이라도 겪는 걸까, 출발 직전엔 항상 늦는 나였다.

2008년, 뉴욕 JFK공항에서는 한국행 비행기를 놓쳤다. 버지니아 주에서 자그마치 5시간 택시를 타고 뉴욕으로 내달렸건만. 한국에 '무슨 일'이 있어 급하게 결정한 귀국행이었다.

2012년 홍콩 가는 날 아침에는 항공사에 전화해 다짜고짜 "저 가는 중"이라고 알렸더랬다. 마치 친구들과 여행하는 날 "나 빼놓고 가면 안 돼."라고 징징거리듯.

여행가는 날은 늘 그랬다. 공항 구경은커녕, 출국 수속을 마치자마자 게이트 찾아 뛰어가기 바빠서, 나란 사람은. 그런데 어쩐 일인지 그 날만큼은 '공항에서 여유'를 부릴 만한 햇살 쨍한 여름의 한낮이었다.

짧은 청반바지에 하얀색 루즈핏 티셔츠가 꽤 잘 어울린다고 생각했다. 깡총 끌어올려 묶은 머리의 컬마저 마음에 드는 생긋생긋한 기분.

울기 직전이었다

어쩐지 일찍 공항에 도착한 그날은 오전 10시 55분부터 체크인 시작이라는 항공사의 공지사항부터 확인했다. 사람들은 벌써 줄을 서 있다. 나도 얼른 그 틈에 끼어본다. 체크인 시작 전에는 줄어들지 않는 '라인'에서 사람들과 마주한다. 가지각색 여행자들의 모습은 귓가에 흘러들어오는 음악만큼이나 들떠있다.

"네에?!"

드디어 내 차례가 되었을 때, 두 번째 카운터에 앉은 승무원과 마주하자마자 내뱉은 말이다. 여권을 휘리릭 넘겨보더니 '출국 가능 여부'를 확인해야 한단다. 불과 6개월 전에도 문제없이 미국 여행을 다녀

온 여권이 트집 잡혔다. 기한이 얼마 남지 않은 여권 뒤 페이지에 수하물 바코드 스티커를 몇 개 붙여놓은 게 화근이었나. 나에게는 티켓을 줄 수 없으니 당장 여권을 새로 만들어오라는 승무원의 채근을 받아들이기 싫었다. 도착지에서 입국허가가 불가할 수 있고, 그것은 고스란히 그들 항공사에 불이익이 있을 거라는 이유였다. 그때는 항공사가 시비 거는 것으로밖에 생각되지 않았다. 충분한 양의 '짜증'이 치솟고 있었지만, 내 잘못을 남의 탓으로 돌릴 수는 없었다. 여권을 소중히 여기지 않은 나의 탓. 지성인답지 않았던 나의 과거인 걸. '내가 왜 그랬지, 기념도장 하나라도 찍으면 안 되는 여권에!'라며 울먹이며 여행을 포기하기 직전이었다.

'긴급여권 발급 서비스'를 받을 시간, 딱 그만큼 일찍 공항에 도착했던, 어쩌면 운수 좋은 날이 아니었다면.

🏵 긴급여권 발급 서비스

· 출국장 F게이트

· 오전 9시~오후 6시(접수는 3시까지)

· **전화번호** : 032-740-2777~8

· **긴급여권 발급 소요시간** : 1시간 30분

· **발급 비용** : 15,000원 / **여권사진 촬영 시** : 10,000원

· 무분별한 발급을 막기 위해 가격 인상 예고(2020)가 있었으나 보류 중.

긴급여권 발급서비스를 요청하러 뛰었다. 영사민원센터에 계신 분들은 '수많은', '긴급한', '해괴한' 상황을 겪을 만큼 겪으셨겠지. 여권 발급 신청서를 작성하고, 실물 E-ticket을 제출해야 한다. 스마트폰 앱에 티켓이 있기 때문에 따로 E-ticket을 출력하지 않은 나는 해결해야 할 일이 하나 더 있다는 걸 인지하고 정말 눈물을 흘리기 직전이었지만, (비행기를 못 타면 큰일 날 것만 같았다!) 함께 여행길에 오른 제이의 도움으로 다리에 힘을 실었다.

"12시 50분까지 여권을 만들어오면 티켓을 주겠다."라는 으름장을 듣고 온 나는 "빨리 해주세요." 안달복달했다. 백 미터쯤 떨어진 간이 포토부스에서 맨 얼굴로 여권 사진을 찍었다. 울상이 따로 없는 극사실주의 못난 사진이 만 원, 여권 발급이 만오천 원이나 했는데, 게다가 점심시간이라고 더 기다리란다. 갈 곳 잃은 내 모습은 생긋생긋하긴커녕, 푸시시 무너져 내리고 있었다.

그래서, 비행기 탈 수 있었어?

"마지막 탑승객입니다."라는 멘트는 내 차지였다. 앞에서 세 번째 창가 좌석은 내가 자세를 바꿀 때마다 삐걱거리는 소리를 냈다. 아침 식사는커녕 두 시간이 훌쩍 지나도록 물도 못 마신 나는 서러움에 삐져나오는 눈물을 삼켰다. 창밖으로 이륙 준비 중인 비행기 날개만 주시하고 있었다. 갑자기 생긴 여권 1+1 사태를 되돌려보기로 한다. 한 개가 아닌 두 개의 여권과 함께 시작하는 여행이라니, 금세 기분이 나아졌다. 비행기가 이륙한다는데 굵은 빗방울이라도 떨어질 듯 창밖이 흐려 보인 건 안도의 눈물 탓이었겠지.

· 긴급여권(=단수여권)으로는 자동출입국심사가 불가능하다.

· 면세품을 찾을 경우, 단수여권 복사 절차가 따른다.

· 해외에서(국내선 이용 포함) 출입국시, 단수여권 발급이유에 대한 설명이 따른다.

Porto

밤에 찾은 상벤투역

포르투 공항에서 오랫동안 하늘에 시간을 빼앗겼더니 저녁식사 시간이 한참 지나 있었다. (숙소에 짐만 내려놓고 나왔는데도) 골목길을 여기저기 기웃거릴 시간이 없어 보였다.

다행히 숙소 아래 식당 두세 개가 모여 있었는데, 앞마당 테이블까지 손님들이 한 자리씩 차지하고 앉아 거리 공연을 즐길 수 있는 레스토랑이 눈에 띄었다. 은색 망토를 두르고 노래를 부르던 그녀의 목소리에 잠시 사로잡혔지만, 밤이 되니 살을 스치는 바람이 차갑게 느껴져서, 여행의 시작은 항상 로컬 식당에 끌리는 여행 습관 때문에, 테이블이 4개 남짓 있을 법한 작은 식당으로 들어갔다. 고민할 필요도 없이 포르투갈 요리인 비파나Bifana와 로컬 맥주 슈퍼복Super Bock을 주문했다.

접시를 가득 채운 햄버거 모양의 포르투 비파나를 한 입 베어 물고 나서야 포르투갈 음식은 짠 편이라는 말을 기억해내고 말았다. '덜 짜게 해 주세요Com pouco sal.'라는 말을 포르투갈어로 연습했으면서 미리 말하는 걸 잊고 말았다. 배고파서 먹는 식사였다기보다 포르투 로컬 식당 분위기를 만끽하는 데 들떴기에 맥주 한 모금으로 마음을 달래는 편이 나았다.

그때였다, 갑자기 온 세상이 어둠으로 덮인 것. 지지직거리는 그 어떤 경고음도 없이 주위는 마치 좁은 동굴의 입구로 들어간 순간처럼 어두워졌다.

정전이었다!

사람들은 침착한 것 같았기에 나 역시 그들의 일부가 되어 몇 분쯤은 그대로 있었다.

수분이 흘렀을까? 문득 피식 새어 나오는 웃음소리가 귓가에 들렸다. 내가 만들어낸 소리를 내가 주워 담았다. 피식,이라는 표현은 누가 만들어낸 걸까 하고 생각했다. 대체 불은 언제 들어오는 거냐며 소리치는 사람 하나 없었다. 밥은 어떻게 먹으라는 거냐며 화를 내는 심보 나쁜 사람도 없었다. 양초를 가져다주거나 하는 친절 대신 조금만 기다려달라는 (뜻으로 추정되는) 포르투갈어를 두어 번 외쳤을 뿐이었다.

비파나는 햄버거 모양의 번bun 사이에 두툼한 패티patty 대신 미리 재워두었던 돼지고기나 닭고기 등을 얇은 조각들로 찢어 넣어

먹는 샌드위치의 일종이다. 만들기 쉬워 보인다. 실제 그런 이유로 2013년부터 포르투갈의 맥도널드에서는 맥 비파나McBifana를 팔기 시작했는데, 로컬 음식 팬들의 일부는 이것만큼은 인정하지 않는다. 아무리 단순한 레시피를 내건 메뉴일지라도 패스트푸드의 일환으로 받아들일 수 없다는 것이 그들 주장. 실제로 고기를 재우는 데 드는 정성과 고기가 부드러워질 때까지 천천히 익혀야 한다는 조리시간은 무시할 수 없겠다. 게다가 로컬 식당에서 맛볼 수 있는 각종 시즈닝, 함께 어울려 마실 화이트와인, 혹은 맥주가 없다면 무슨 소용이겠느냐는 말이다. 잘 만들어진 비파나를 한 입 베어 물어 잘게 찢긴 고기의 맛을 음미하다가 시원한 맥주 한 병으로 입가심할 수 있다면, 하루의 문을 닫는 낙을 다한 것이 아닐까. 포르투 첫날밤의 첫 식사가 내게는 그랬다.

상벤투역 São Bento Railway Station

  이대로 하루를 마감하기엔 '여행 첫날'이 주는 의미가 무색해질 것 같았다. 어두운 밤에 더 빛이 난다는 상벤투역이 바로 눈앞에 있는데 말이다.

  '파란색과 하얀색'보다는 '청색과 백색' 아줄레주라고 쓰면 조금 더 어울릴까. 마냥 밝고 예쁜 느낌만은 아니어서. 오랜 시간과 정성이 느껴지는 예술작품에 견줄 수 있을 것 같아서. 영어로는 blue-and-white azulejo밖에 더 되겠느냐고. 그렇다고 일부러 붙이는 과한 수식은 아줄레주의 정적인 화려함에 해가 될 것 같다.

  '직접 보고 느끼는 그 느낌이어야 할 것.'

상벤투역의 밤은 마법 같아서 하얀 낮에는 볼 수 없던 매력을 파랗게 파랗게 빛내고 있었다. 크리스마스트리처럼 반짝거리는 모습에 아이처럼 흥분하여 가슴이 쿵쿵댔다. 2016년에 100주년 생일을 맞은 상벤투역은 외관에서 느껴지던 화사함만큼 내부에서도 영롱한 빛을 발하고 있었다. 일본 작가 무라카미 류가 죽도록 갖고 싶었던 적이 있다고 표현했던 보석, 블루 토파즈만큼이나 투명한 파란색이었다.

아줄레주 타일 벽화가 말을 걸었다. 약 2만 개의 아줄레주 타일 하나하나가 모여 포르투갈의 역사적 장면들을 큰 그림으로 그려내고 있었다.

마지막 기차에 급히 오르는 사람들과 마지막 기차에서 내려 분주히 역을 빠져나가는 사람들 모두 파란색 그림의 일부로 흘러 들

어갔다. 가만히 서서 그들에 섞여 보려는데, 역 한가운데 있는 시계가 벌써 자정임을, 이제는 여행 첫날의 여독을 풀기 위해 돌아갈 시간임을 알려주었다.

비행기에 올라타고 몇 시간 지나지 않아 완전히 다른 세상에 도착한다는 사실 −그 중간에 놓인 개별적인 모습들을 받아들일 시간도 없이− 은 그레고리우스를 혼란스럽게 만들었다.

−『리스본행 야간열차』파스칼 메르시어

시간을 사다

: 포르투 첫날

포르투 공항에 도착한 시간은 밤 9시. 과연 해는 서쪽으로 서쪽으로 내린다더니, 두 시간을 날아와도 한 시간이 앞서있다.

8월, 그들의 밤은 우리들의 낮처럼 환하다.

공항 활주로 한가운데 착륙한 비행기는 계단차와 마주하고 나서야 문을 열어주었다. 하얀색 콘크리트 땅 위로 하늘은 막 막을 내릴 참이다. 신선이 사는 곳에 서린다는 보랏빛 노을이 하늘을 물들이고 있었다. 서늘하고 적막한 시간이었지만 노을이 따뜻하게 물들이고 있어서 이곳은, 마치 아프리카를 배경으로 하는 영화의 마지막 장면인 것 같다는 생각이 들었다.

깔끔한 외관을 민낯으로 드러낸 포르투 공항으로 사람들이 쏟아져 들어갔다. 뭇 공항들처럼 붐비는 느낌은 아니었다. 그렇다고 해

서 드문드문 지나가는 여행객과 천장에 매달린 텔레비전 화면을 번
갈아 가며 쳐다보는 일만큼 고독한 분위기도 아니었지만.

냄새의 기억이 사라진 것에 대해 생각해본다. 뜨거운 열기와 함
께 나에게로 훅 스며들던 방콕 수완나품 공항의 냄새 같은 기억이
없어지고 만 것이다. 비행기는 나를 공항이 아닌 거대한 활주로에
레고 다루듯 가만 내려놓았고, 그런 나는 포르투의 하늘과 하늘의
색, 너와 너의 눈빛을 한꺼번에 얼버무리느라 골똘하였던 것. 그렇
게 공기의 냄새는 잃어버렸지만, 선홍빛 물감을 풀어놓은 듯한 하
늘을 한참 바라보던 나를 기억한다.

마드리드에서 포르투 :
라이언에어 Ryan Air, 나를 데려가!

첫 포르투갈 여행은 2017년 여름, 스페인 남부 소도시를 함께 둘러보기로 정했다. 국내선을 타고 마드리드에서 포르투로 가는 날이었다.

라이언에어는 저가항공인 만큼 악명 높은 포르투갈 항공사였다. 그렇다고 저렴했을까? 포르투갈 최고 성수기인 8월인 만큼 원하는 시간대 비행기와 원하는 자리를 찾기도 어려웠지만, 항공권 가격 역시 오를 만큼 올라있었다.

'아무렴 어때, 나는 포르투로 떠난다!'

마드리드에서 운전으로 국경을 넘는 것보다는 시간을 훨씬 절약할 수 있을 것 같아서 내린 결정이었는데, 공항 가는 시간, 체크인하는 시간, 대기하는 시간 등을 합치면 결과적으로 큰 차이가 없었던 것 같다. 대여섯 시간 운전하는 것보다야 체력은 아낄 수 있었겠지만 말이다. 게다가 내게 공항에서의 시간은 쉽게 흘러가는 법이 없단 걸 잊고 있었다.

"What?"

나의 첫마디였다.

공항에 일찍 도착했음에도 불구하고 내게 돌아온 그녀의 말 때문이었다.

"오버부킹이야. 대기해야겠네. 못 탈 수도 있고."

"뭐라고? 왜 이렇게 당당해? 이거 너희 회사 문제잖아. 대책은 없이 대기만 하라고?"

"거의 모든 항공사가 다 그래. 글쎄… 뭐라 할 말이 없네. 기다릴래, 말래?"

머릿속이 복잡해졌다. 차들로 꽉 찬 고속도로 같았다. 어느 길 하나 빠르게 헤쳐나갈 수 있는 길이 보이지 않았다. 티켓을 받았지만, 좌석번호가 없었다. 보딩boarding이 시작되고 끝날 때까지 기다렸다가 자리가 나면 부르겠단다. 재빨리 라이언에어 구글링을 해보니 오버부킹으로 유명한 항공사다운 검색 결과들이 나왔다. 오늘부터 시작할 포르투 렌터카 여행, 숙소, 소도시 여행과 리스본, 한 번 더 타야 할 국내선, 이어지는 스페인 남부 여행. 모든 스케줄이 꼬이지는 않을까 하는 걱정에 초조해지기 시작했다.

한 시간이 지났다. 이륙 지연이었다. 포르투 에어비엔비 주인이 메시지를 보냈다. 매우 늦을지도 모르겠다고 답했다. 지연으로 인해 지친 사람들은 미리 줄을 길게 서 있다. 현지인과 여행객이 반반 섞여 있다. 그들의 노랗고 까맣고 갈색인 머리 모양새들이 점점 동그란 크래커의 모양새로 바뀌고 있었다. 끝내 나의 이름은 불리지 않았다. 긴 줄이 다 끝난 지 1-2분쯤 되었을까.

"나 대기 중인데, 어떻게 됐어? 좌석 있니?"

승무원에게 좌석번호 없는 티켓을 보여주며 물으니 왜 이제야 왔냐며 호들갑이다. 부당하도록 불친절한 느낌 따위는 받지 않았지만, 기분이 묘하다.

'휴'

드디어 자리에 앉았다. 공항에서 보낸 시간은 실제 머문 시간보다 체감상 훨씬 길게 느껴졌다. 예상보다 한 시간 늦게 도착하겠지만, 하루가 늦은 게 아니라 다행이었다. 나 빼고 세상은 적당한 속도로 흐르고 있었다.

포르투 숙소

: 이대로 이토록 낭만적인

포르투 공항에 발을 내디딘 첫날, 그날의 선명한 색깔을 기억한다. 마드리드에서 포르투 공항(OPO)으로 넘어오는 여정을 끝내고 발 디딘 순간 벅찬 가슴을 기록했었다. 비행기가 한 시간 넘게 연착하여 밤 9시에 도착했지만, 아직 환한 여름이었다. 에어비앤비 숙소에 도착할 때쯤 해가 지고 있었다. 차에서 내려 오르락내리락 돌바닥을 걸어 에어비앤비 숙소를 찾아가는 동안 흥이 올랐다. 발이 아파 속도가 더딘 게 아니라 두리번거리고 마음을 뺏기느라 도착이 늦었다.

숙소 주인은 젊은 부부였다. 10살쯤 되어 보이는 딸이 함께 나와 우리를 맞이했다. 여러 나라를 여행하며 다양한 숙소에 머무는 편이었지만, 이렇게 주인이 (함께 살지 않는 이상) 굳이 나와 인사를 하는 경우는 드물었다. 대개 도착 직전에 메시지로 집 비밀번호를 알려주거나, 집 열쇠가 있는 상자가 위치한 곳을 알려주곤 하니까.

이들은 나와 눈을 마주치고 웃으며 문 열쇠 돌리는 법을 직접 알려주었다. 나의 방문 이전에도 한국인 여자가 여행을 왔었는데, 열쇠 돌리는 걸 어려워했다는 이유였다.

아, 얼마나 따뜻한 사람들인지.

유럽 여행을 하다 보면 유럽식 열쇠 돌리는 방법 때문에 애먹는 여행자들을 종종 본다. 크기도 다양한 열쇠들, 게다가 중세시대에나 썼을 법한 커다랗고 쇠로 된 모양의 열쇠까지 접해본 이후로 척

척까진 아니더라도 어느 정도 적응한 터였다. 왜 아직도 적응 중이냐고? 그도 그럴 것이 왼쪽으로 두 번, 오른쪽으로 한번, 혹은 세 번, 혹은 문고리를 살짝 당기며. 철커덩 소리를 들어야 하거나 느낌대로 열거나 하는 통의 불규칙적인 방법 때문에. 사실상 완벽한 이해는 불가능할 것만 같다.

2년 뒤 다시 찾은 포르투갈 여행 중 포르투 숙소는 호텔로 정했다. 2월이었다.

지난 기억 속 포르투갈 여행의 기억으로 남은 7할쯤은 공교롭게도 추위였다. 여름이라 가벼운 옷가지만 챙겨간 게 문제였을까. 스페인의 타는 듯한 태양을 체감한 직후라 그랬던 것일까. 여름임에도 불구하고 한낮의 햇빛 테두리 안에서만 따뜻했던 기억이 있다.

그때는 늦은 밤 숙소로 돌아가면 빠른 샤워 후 침구에 몸을 구겨 넣기 바빴다. 작지만 아늑한 테라스에 향초 한번 켜볼 여유가 없었다. 하루는 기어코 테라스 분위기를 내보겠다고 테이블을 침대 아래쪽으로 옮겨 맥주를 마셔보았지만, 한 병을 다 마시지도 못한 채 이불속으로 뛰어들어 둥그렇게 몸을 웅크렸다.

그게 이유였다. 호텔을 숙소로 정한 이유.

포르투는 추운 도시인 것만 같아서. 도우루 강바람이 불어와 창문을 열었을 때 내 손가락을 스치길 바라면서도, 숙소는 따뜻한 곳이면 좋을 거라 생각했다.

여행지에서 호텔을 이용할 때는 직접 호텔 사이트에서 예약하는 경우도 있지만 – 프로모션이 있는 경우다 – 부킹닷컴이나 에어비앤비 같은 숙박 사이트를 주로 이용한다. 숙박업체 사이트는 일정 기간을 정해두고 랜덤으로 파격적인 가격 할인을 할 때가 있다. 운 좋게 그 기간에 눈에 띈 숙소를 잘만 잡으면 50% 이상의 할인을 받고 썩 괜찮은 호텔 여행을 할 수 있다.

포르투에서는 같은 숙소에서 4박 5일 머물고 남쪽으로 내려가기로 했다. 다양한 숙소를 접하는 게 재미있어 하루씩 짐을 풀었다 싸는 행위를 반복하던 시절도 있었지만, 이제는 한 곳에 오래 머물며 쉼과 여행이 공존하길 바랐다.

상벤투역 근처에 있는 호텔로 정했다. 예약하던 순간에 가격 할인 중인 것이 큰 이유이기도 했지만, 오래된 건물 그대로의 느낌을

살려둔 곳이라는 것에 끌렸다. 룸 사이즈는 작은 편이었지만, 며칠 지내는 데 큰 불편함은 없을 터였다. 체크인을 하는 내 모습은 꾀죄죄하기 그지없다. 밤 비행기로 시작해 터키에서 새벽을 보내고 도착한 오후. 밝게 웃어주는 호텔 직원들과 인사를 나누며, 직원과 함께 엘리베이터를 타고 오르는 동안에도 포르투갈이 얼마나 좋아서 다시 왔는지 구구절절 내뱉는다.

첫날 저녁부터 '포르투의 공기를 익숙해질 만큼 가득 마셔야지.' 했던 생각은 무리였나 보다. 짐을 풀고 나서 저녁을 먹고, 작은 서점에 들러 책 한 권을 샀더니 피로가 몰려왔다. 기어코 서점 앞, 작은 플리마켓 거리에서 맘에 드는 핸드메이드 기념품들을 두어 개 고르고야 발걸음을 돌렸다.

숙소에서 까무룩 잠이 들었는데, 그게 밤새도록 이어지고 말았다.

새벽에 눈을 떴다. 커튼이 조금 열린 틈새로 세찬 가로등 불빛이 하얀 침대를 비추고 있었다. 여름이었다면 불빛으로 몰려든 벌레들이 까맣게 그림자를 일렁이고 있을 터였다.

어떤 사람의 이야기가 생각났다. 여행지에서는 항상 새벽에 눈을 떠 운동화를 챙겨 신고 새벽 공기 마시며 조깅하는 습관을 들였다고 했다. 사람들이 아직 잠에서 깨지 않은 세상을 뛰면서 느끼고 생각하는 것들은 특별하다는 이유였다.

나는 보통 밤거리의 분위기에 잠겨 여행의 기분을 한껏 끌어올

리던 터라 이렇게 마주한 새벽의 한 장면이 더없이 뭉클했다. 지금
이라도 당장 뛰어나가 조용한 돌바닥에 터벅터벅 울림을 만들어볼
까 하던 생각은 잠시, 포근한 이불속으로 기어들어가고 말았지만.

  세차게 비가 내리는 날에는 창밖을 바라보는 일이 더욱 행복했
다. 그것은 하나의 일과였다. 하루 종일 유리창을 흘러내리는 빗줄
기를 바라보고만 있어도 괜찮다는 말은 이럴 때 쓰는 말이었다. 작

은 호텔 방에서 머문 이방인의 날들은 푸근하고 편안하고 평화롭고 그랬다.

세상에서 가장 아름다운 서점이라고요?

산뜻한 아침 공기가 온몸으로 스며들었다. 발코니 창을 열고 하늘과 땅을 번갈아 쳐다보았다. 하루를 시작한 사람들의 발걸음이 분주해 보였다. 그들의 일상처럼 나의 일상, 나의 출근길이 문득 그리워졌다가도 이내 지금 이 순간이 백 배쯤 더 좋다고 결론지었다. 돌아갈 곳이 있다는 것을 떠올려보는 이런 순간도 여행이라 가능했다. 이 시간이 계속되었으면 좋겠다고 생각하면서도 그리운 것이 무엇인지 잘 모르겠다고 얼버무리는 이런 순간도 말이다.

"입장은 9시 30분부터 시작이네? 나는 미리 가서 여유 있게 들어가야겠다!"

다짐은 그저 스쳐 지나간 일종의 아이디어였을 뿐이다. 포르투
숙소에서 렐루서점까지 걸어가는 길목 여기저기 기웃거리느라 조
금 더 늦게 도착했다. ─여행 중에 늦는다는 개념은 존재하지 않겠
지만─ 11시쯤 도착했을 때 서점 앞에 늘어선 긴 줄은 끝이 보이지
않을 정도로 길었다. '렐루서점은 그냥 포기할까?' 하는 생각마저

들 때쯤 맞은편에 있는 브런치카페가 눈에 들어왔다.

아직은 긴 줄의 행렬에 합류하지 않았다. 놀이기구 타겠다고 몇
시간을 기다리는 일도, 맛집이라고 소문난 집을 찾아 줄을 서는 일
도, 유명 연예인 사인 받겠다고 수많은 인파를 기웃거리는 일도 잘
없는 내게는 쉬운 결정이었다.

'우선 커피 한 잔을 하면서 생각해봐야겠어.'

이탈리아 남쪽에 있는 한적한 섬, 시칠리아를 찾은 여행자들의
이야기가 떠올랐다. 그들은 바다가 내려다보이는 절벽에 있는 카
페에서 테이크아웃으로 커피를 주문했다. 어쩐 일인지 카페 주인
은 테이블을 가리키며 앉으라는 제스처를 해 보이는 게 아닌가. 시
칠리아에서는 커피를 테이크아웃 한다는 개념 자체가 생소한 일이
기 때문이었다. 여행하는 우리는 스스로 커피 맛을 음미할 시간은
내어주어야 하는 것이다.

렐루서점 브런치카페 Clérigos Corner

· R. das Carmelitas 152, 4050-159 Porto, Portugal

'You should taste…'로 시작하는 문장이 메뉴에 두꺼운 고딕체
로 적혀 있다. 맛을 봐야 마땅한 그것들 중에서 훈제연어가 들어간

크루아상과 (커피 대신) 과일주스를 주문했다.

'이렇게 tasty한 것은 taste하라고 하는데 안 할 수 없잖아.'

건너편 렐루서점 2층 창가에 선 사람들을 바라보며, 빵을 먹고 힘을 내서 줄을 서야겠다 생각하며.

🟦 렐루서점 Livraria Lello

· R. das Carmelitas 144, 4050-161 Porto, Portugal

· 9:30AM-7PM

· €5(입장료 5유로 티켓 구입 후, 줄서기)

론리플래닛(Lonely Planet)은 2012년 기준, 렐루서점을 '아름다운 서점' 1위로 선정했다. 2018년 '세상에서 가장 아름다운 서점 TOP 13'에는 5위 안에 들었단다. 순위가 무슨 상관이 있겠느냐마는 네덜란드의 마스트리흐트Maastricht 서점을 비롯하여 프랑스와 이탈리아, 샌프란시스코에서 내로라하는 아름다운 서점들은 꼭 한 번씩 가보고 싶다는 생각이 든다. 책을 좋아하는 사람이라면 누구나 그럴 것이다. (그런 우리는 동네 작은 책방에 들러 책을 사는 재미도 절대 놓치지 않는다.)

문을 열고 들어서면 '책의 공간' 이상의 책 냄새에 압도당한다. 오랜 역사를 가진 책들이 살아 숨 쉬는 공기를 나와 나누고 있다는 생각만으로도 벅찰 때쯤, 어쩌면 ─안타깝게도─ 사람들로 꽉 찬 책방이 주는 답답함을 느끼는 순간이 올지도 모르겠다.

스테인리스 문양이 화려한 천장을 통해 빛이 와락 쏟아져 내리고 있었다. 마법의 공간에 들어온 듯 설레는 마음을 안고 천천히 서가를 둘러본다. 1층 이쪽 끝부터 저쪽 끝까지 오래된 책과 새 책들이 어우러져 촘촘하게 꽂혀 있다.

둥글고 붉게 혹은 금빛으로 빛나는 것 같기도 한 나선형 계단을 휘익, 사뿐, 토닥토닥 올라가면 2층에는 또 다른 장관이 기다리고 있다. 한쪽 구석에서 책을 고르는 사람들, 계단에서 사진을 찍는 사람들, 가만히 둘러보거나 메모를 하거나 작은 소파에 잠시 앉아 휴식을 취하는 사람들로 인해 책방은 분주하고 활기차다.

금박 글씨가 박힌 책 『어린 왕자』와 해리포터가 쓰던 것만 같은 가죽 다이어리와 렐루서점 문양이 찍힌 책갈피를 골랐다. 2층 창가

쪽에 계산대가 있다. 카페에서 바라본 그 창문이었다. 창밖으로 가까이 보이는 나뭇잎 한아름과 부서지는 햇살과 새의 지저귐 소리가 한데 어우러져 여행하는 마음을 풍성하게 채웠다. 햇빛을 등으로 가득 받고 일하는 그들이 계속 웃고 있는 이유를 알 것 같았다.

2년 전 여름에 왔던 이곳을 올해 2월에 한 번 더 찾았다. (포르투갈 여행은 또 하게 될 것이고, 렐루서점 역시 다시 찾을 것이다.)
'입장료'를 받을 정도로 인기가 많은 이곳을 방문하는 걸 꺼리는 사람도 있고, 서점을 관광지화한 것에 불만이 있는 사람도 있다고 한다.

해리포터 이야기에 영감을 주었다는 렐루서점에 가보고 싶은 마음을 이해할 수 있는 아량을 가지면 좋겠다는 생각을 해본다. 게다가 우리가 내는 입장료는 구입하는 책값에서 그대로 할인이 되니, 포르투갈어로 쓰인 『해리포터』 혹은 『어린 왕자』를 구입하는 것은 더없이 재미있는 일이 아닐까.

- 시칠리아 여행기는 감성매거진 『Cereal』에서 읽은 내용을 일부 발췌했다.
- 1906년에 지어진 렐루서점은 포르투갈 엔지니어인 샤비에르 이스테베스 Xavier Esteves가 디자인했다. 아르누보art nouveau 스타일을 띠는 렐루서점은 현재까지도 아름다운 실내 디자인으로 주목받는 건축물 중 하나로 손꼽힌다.

계속 걷다가 멈추고 관찰하는 일

여행 중에는 밖이 조금 소란해도 곧잘 잠에 빠져들었다가 가볍게 눈을 떴다. 내내 편안한 마음이었다. 이유 없이 옅은 불안이나 초조함 따위를 곧잘 느끼는 나는, 여행 중일 때만큼은 차분한 고독 속에서 지나친 행복을 느끼곤 했는데, 아! 얼마나 행복한지 말로 표현할 수조차 없었다.

시인 에밀리 디킨슨Emily Dickinson은 '얼마나 반가운지 말로 표현할 수 있다면 그렇게 반가워서는 안 된다.'라고 했다. 여행 중 우리 집(숙소)에서 문을 열고 나서 만난 풍경이 얼마나 반가웠는지 표현할 마땅한 단어가 떠오르지 않는다. 단지 그때 나의 얼굴이 얼마나 무해했는지, 무언가를 기대하지 않고 떠안은 기쁨이 얼마나 완전하고 순수했는지는 또렷이 기억한다. 그 이상 드러낼 필요도, 의

식할 필요도 없었다. 여행에서는 감정을 속이거나 숨길 필요가 전혀 없으니까.

    주로 걷기였다. 같은 길을 걷고 또 걷는 날도 있었다. 어느 건물이나 공원을 기점으로 둥글게 걷기도 하고, 오르막길과 내리막길을 번갈아 직선으로 걷기도 했다. 그러다가 잠시 멈춰 서는 순간은 주로 건널목이었다. 꼭 길을 건너야 하는 건 아니었기 때문에, 오가는 사람들을 관찰하기도 했다. 상대방이 나를 관찰하기도 했다. 여행자와 일상 여행자 둘뿐이었다. 그 두 부류 사람들의 분주함과 설렘의 냄새가 공기 중에 뒤섞여 여행지에서만 맡을 수 있는 공기의 냄새를 만들었다. 얇은 겉옷에 스며들었다. 아줄레주 타일 벽화

가 새겨진 성당 주변을 내내 걸었더니 파란색도 함께 스며들었다.

🦠 포르투에서 아줄레주 벽화를 감상할 수 있는 성당

· 알마스 성당 Capela das Almas

· 카르무 성당 Lgreja do Carmo

· 알폰소 성당 Lgreja de Santo Ildefonso

볼량 시장 Bolhão Market

'포르투'는 어쩐지 양성성을 지닌 이름 같다, 고 생각 했다. 내 이름처럼. 어렸을 때부터 이름을 소개할 땐 항상 "남자 이름 같죠?"라는 말을 덧붙이곤 했다. 대부분은 그렇지 않다고, 중성적이라서 더 예쁜 이름이라고 답해주었지만, 언젠가 이름을 바꾸고 싶다는 생각을 자주 했었다. 포르투와 리스본이라는 이름에 대하여 생각하다가 오전 11시가 훌쩍 지났다. 둘 다 예쁜 이름이어서, 내 이름을 둘 중 하나로 바꾼다면 어느 게 더 좋을까, 같은 엉뚱한 생각을 하다가 그만, 어중간한 시간에 이르렀다. 따뜻한 커피를 마시기도 전에 브런치와 함께 맥주를 마실지도 모를 일이었다.

포르투의 명물로 손꼽히는 볼량 시장의 볼량은 'Big bubble'이라는 뜻을 가지고 있다. 1839년 마을이 시장을 짓기 위해 땅을 사들였는데, 그 자리에 작은 개울이 흐르고 있었다고 한다. 개울가에 공기방울이 만들어지고 있는 것을 발견, 그 현상에 따라 재래시장의 이

름을 만든 것이다. 19세기에 지어진 볼량 시장은 본래 신고전주의 양식을 유지하고 있으며, 1층과 2층으로 나누어져 볼거리가 많다는 것이 특징인데, 아쉽게도 지금은 공사 중이다. 2018년에 시작한 보수공사가 끝날 기미는 보이지 않지만, 그 대안으로 근처에 이전한 임시 볼량 시장을 둘러보기로 했다.

임시 볼량 시장으로 가는 길, 역시나 한 가게 걸러 한 가게씩 들르지 않을 수 없었다. 간판이 예뻐서, 흘러나오는 음악이 좋아서, 빵 냄새가 좋아서, 같은 각기 다른 이유를 대며 가게 문을 활짝 열고 들어갔다가 손에는 꼭 무언가를 들고 나왔다. 시장에 도착하기도 전에 빵이며 와인이며 가방이 반쯤 차버렸다.

임시로 마련된 볼량 시장은 아무래도 기대에 미치지 못했다. 우리가 흔히 기대하는 복작거리는 시장의 모습은 아니었다. 상점이 다닥다닥 붙어 있지도 않았고, 오히려 빈자리도 많았으며, 그래서 텅 빈 듯한 아쉬움이 곳곳에 숨어 있었달까. 창이 없는 밀폐된 공간에 갇힌 느낌이 들기도 했다. 그래도 나는 볼량 시장에 왔으니, 마음에 드는 기념품 몇 개를 찾아본다. 시장에서 느낄 수 있는 재미인 흥정도 시도해 보고, 의외의 작은 상점에서 마음에 드는 핸드메이드 조각품도 발견했다. 포르투 히베이라 지구를 재현한 작품인데, 도자기처럼 구워내어 직접 색칠까지 했기 때문에 완성도가 꽤 높았다. 꽃 가게 옆, 와인 가게를 지나 생선가게 사람들도 구경했다. 저

녁 시간이 다가오자 조금 더 붐비기 시작했다. 해 질 녘이 되기 전에 나도 얼른 저녁 식사할 곳을 찾아야겠다. 브런치로 마시지 못한 맥주는 저녁때 마시기로 하고.

포르투 와이너리 투어, 여기 어때요?

와인 한 병과의 만남이 사람을 바꿀 수도 있다. 하지만 그
것은 결코 유명한 와인이나 고급 와인만은 아니다.
　　　　　　　　　　　　　　　　　　　　　　　－ 소믈리에르

　며칠째 비가 내리자 포르투의 냄새가 조금 달라진 듯하다. 오후
가 되니 커피 향이 돌바닥에 스며들었다. 우산을 쓰고 한 걸음, 한
걸음 내딛는 발걸음에 비가 묻었다. 신발에 묻은 비를 탈탈 털어내
느라 조금은 정신이 없어지다가 동시에 웃음이 났다. 여행이 주는
마음의 여유 같은 것이겠다.

　생각보다 세차게 쏟아지는 비를 조금이라도 피하려 호텔에서 택
시를 불렀다. 사실 아직도 마음을 정하지 못해 목적지를 정확히 말

하지 못했다. 예전 여행에서 들렀던 '샌드맨Sandeman 와이너리' 앞에서 내리기로 한다. 강을 건너는 짧은 시간 동안 친절한 택시기사는 포르투에서 사진 찍기 좋은 곳에 대해 말해주는 것도 모자라 자신의 휴대폰 사진첩을 자랑하기에 바쁘다. 택시에서 내릴 때쯤 거짓말처럼 비가 그쳤다.

"Obrigada!(감사합니다!)"
수십 개의 와이너리 투어 중 어디를 가야 좋을까. 포르투갈 동북부 와인 산지를 방문하면 더욱 좋겠지만 대부분 포르투의 가이아Vila Nova de Gaia에 있는 셀러Cellars 중 하나를 택한다. 대형 와이

너리 4개가 그들 중 대표 격으로 손꼽힌다. 대형으로 운영하는 곳이라 다양한 언어로 투어가 가능할 뿐 아니라, 투어 시간이 다양하다는 점, 쾌적한 레스토랑이 딸려 있는 등의 장점이 있을 수 있겠다. 조금 더 비싼 가격을 지불하면 더 만족스러울까? 오늘은 골목에 숨겨진 곳, 작지만 알 만한 사람들에게는 인기 많다는 그곳에 가보려 한다.

아우구스투스 와이너리 Augusto's Port

"Augusto's Port는 100년 전통을 이어 오고 있어요. 3대째 포르투갈 순수 혈통 가족이 가업을 물려받고 있다는 사실도 다른 와이너리와 다른 점이기도 하답니다."

1인 10유로의 저렴한 비용은 물론, 적은 인원으로 투어를 진행한다는 점이 큰 장점으로 다가왔다. 어떤 사람에게는 영어로 진행하는 부분이 단점일 수 있겠으나 가이드, 캐롤Carole은 또박또박 설명을 잘해 주었다. 다양한 국적의 관광객들을 대하며 자연스레 익힌 습관 아닐까? 설명을 듣고 있자니 그것 또한 꽤 재미있다. 올드 스쿨 방식으로 수첩에 열심히 받아 적으며 설명을 듣고 있자니 이

미 포트와인 전문가라도 된 듯하다.

와이너리 투어의 꽃, Tasting

6년산 Fine White와 Tawny, 8년산 Special Reserve White와 Red 와인을 맛본다. (이후 다른 종류의 와인은 메뉴에 적힌 금액을 추가로 지불하고 마실 수 있다.)

웬걸, 기대 이상으로 맛이 좋다! 테일러Taylor's와 샌드맨 Sandeman 와인 맛도 훌륭했지만 미묘하게 다르다. 와인에 대해 잘 모르는 사람에게도 포트와인만큼은 쉬울 수 있다. 무조건 맛있다는 간단명료한 이유를 당당하게 대겠다. 우리는 10년산 LBV(Late

Bottled Vintage) 와 20년산 Red&White 와인을 추가로 테이스팅했다. 하나, 둘 늘어나는 빈 와인 잔을 보며 어떤 와인을 사 가면 좋을까, 행복한 고민을 하면서.

과일향이 겉도는 달콤함에 금세 취해 정신이 아렴풋하다. 두 종류의 와인을 구입하여 두 손 무겁게 나서는 발걸음은 가볍기만 하다. 도우루 강에서 불어오는 바람이 골목을 가득 메운 모양이다. 한 차례 지나간 비 내음과 와인 향이 섞여 웃을 때마다 입안을 파고들었다.

조금은 모호한 나의 와이너리 여행기에 대한 결론을 속 시원하게 내려 보자면 이렇다.

포르투 여행 기간이 충분하지 않다면, 혹은 와이너리 투어에 큰 관심은 없으나 한 번쯤 해야겠다면, 대형 와이너리를 추천한다. 1인당 15유로 정도의 비용을 지불해야 하지만, 와인셀러의 사이즈가 거대하여 입이 떡 벌어질 것이다. 쾌적하고 아름답게 꾸며진 테이스팅 레스토랑에서의 서비스도 만족할 게 분명하다.

'각자의 신념과 전통을 이어가는 작은 와이너리들의 매력을 어떻게 거부할 수 있을까.' 하는 것은 여행자의 몫. 좁은 골목을 오래 걸어가 발견했던 아우구스투스 와이너리 투어는 백 번 추천해 마땅하지만, 단 하나의 선택을 해야 한다면 고민해 볼 만한 난제임이 틀림없다.

포르투라는 플레이리스트,
도우루 강이라는 노래

"만약 평생 듣고 싶은 노래가 있다면 넌 그런 노래일 거야."

　영화 「유콜 잇 러브You call it love」의 대사가 떠오르는 밤. 밤에
도 반짝이는 도우루 강의 잔물결은 마치 아름다운 음률을 짓고 있
는 듯하다. 사람들이 작은 도시 포르투를 사랑하는 여러 가지 이유
중 하나는 도우루 강이 주는 위로일 것이다. 좋아하는 노래가 끊임
없이 플레이되고 있을 때 얻는 위안이 있다. 포르투의 도우루 강가
를 거닐며 나는 그렇게 편안했다. 어깨동무를 하고 벤치에 앉아 있
는 연인의 뒷모습을 바라보며 사랑의 다양한 형태를 떠올려보고,
인스타그램 계정을 커다랗게 써놓은 종이 판자 하나만이 전부인 키
보드 연주자들의 열정에 나의 꿈을 떠올려보며, 잔바람에 흔들리는

조그마한 배★의 움직임을 바라보다가, 오늘이 여행 며칠째인지 손가락으로 세어보기도 하면서.

도우루 강 주변 지역을 히베이라 지구Cais Da Riberia라 칭한다. 포르투갈어로 강변이라는 단순한 뜻을 가지고 있지만, 그렇게만 해석하기엔 낭만이 없다. 각자의 방식으로 해석해보자. 히베이라를 발음할 때 느끼는 자유로움은 어떤가. 우아한 빈티지 색감을 자랑하는 히베이라의 집들은 마치 색연필 세트를 선물 받았을 때의 파스텔톤 기쁨을 어렴풋이 느끼게도 하였다.

───────── ★ 오래전 포트와인을 싣고 포르투와 영국 사이를 오가던 배가 있는데, 그 이름은 라벨로Rabelo이다. 이제는 도우루 강 위에 떠 있는 작은 라벨로를 볼 수 있다. 여행자들에게는 선물 같은 풍경이기도 하다.

동 루이스 1세 다리 Dom Luís I Bridge

포르투를 특별하게 만드는 건 바로 이 도우루 강, 그리고 도우루 강 위에 서 있는 무려 2단짜리 동 루이스 1세 다리이다. 아치 형태의 철제 다리 모양은 어쩐지 에펠탑과도 닮았다. 알고 보니 에펠탑을 설계한 구스타프 에펠의 제자인 테오필 세이리그Théophile Seyrig 의 작품이란다. 유럽 최대의 아치 철교인 동 루이스 1세 다리는 1층 에서는 자동차와 사람이 다니고, 2층에서는 트램과 사람이 함께 다 닐 수 있도록 설계되었다.

히베이라 지구와 반대편 가이아 지구를 잇는 다리는 다섯 개씩 이나 있는데도, 우리 대부분은 동 루이스 1세만 기억하는 건 아닐 지 모르겠다. 항구도시 포르투를 대표하는 아름다운 구조물인 건 틀림없지만 말이다. 다리의 1층과 2층에는 밤낮에 상관없이 도우 루 강의 풍경과 히베이라 지구의 촘촘한 집들, 그리고 지는 해의 붉 은빛을 감상하느라 항상 사람들이 많다. 지금 다시 눈을 감았다 뜨 면 눈앞에 도우루 강의 풍경이 펼쳐져 있지는 않을지 상상해본다.

유럽에는 아름다운 야경을 자랑하는 물의 도시가 많아 순서를 정 한다는 건 말도 안 되는 일이겠다. 하지만 내가 언젠가 유럽의 어 느 도시에서 '삶'을 시작한다면 단연 포르투일 것임은 변함이 없다.

히베이라 50 Ribeira 50

Ribeira district, Porto, Portugal

　도우루 강이 보이기 시작할 무렵부터 줄지은 테라스 레스토랑은
거의 만석이었다.

　그들은 브런치와 함께 시작한 하루를
　그저 강바람을 맞으며, 물을 즐기는 사람들과 거리를 활보하는
사람들을 바라보며,
　바람에 실려 오는 달콤한 포트와인과 상그리아의 향을 맡으며,
　흐르는 시간 속에 오감을 맡겨놓았겠지.
　멋진 자리 하나 꿰차지 못해 아쉬울 틈도 잠시,

도우루 강가에서 하늘을 올려다보다가 발견한
'저곳'에서 나도 잠시 한눈을 팔아볼까 하고 찾은 곳.

매끈한 돌계단을 올라가
보라색 꽃장식이 있는 하나 남은 테이블에 털썩 몸을 맡겼다.

"하~ 좋다."
기대 않고 시킨 연어요리는
마치 생생하게 살아 숨 쉬는 생채소 같은 느낌!
　행복한 표정을 하고 있는 사람들 사이에서 나 역시 행복한 표정
을 짓고 "행복해."라고 말했다.

카페 두 카이스Cafe do Cais

Cais da Estiva 130-131, 4050-553 Porto

세련된 가건물 레스토랑을 발견했다. 햇빛에 눈을 찡그리다가도 새가 푸드덕거리는 소리에 하늘을 올려다볼 수밖에 없었다. 느닷없이 들려오는 버스킹 가수의 감미로운 노랫소리에 그루브 타는 사람들과 강둑에 앉아 아무것도 하지 않고 풍경을 즐기는 사람들, 이 모든 풍경이 평화롭기만 하다. 우리는 상그리아 한 잔과 슈퍼복 맥주 한 병, 그리고 문어 샐러드를 주문했다. 총 26유로가 나왔는데, 이는 이 풍경을 다 가질 수 있는 자에게 지극히 저렴한 가격일 수밖에 없다고 생각했다. 하늘을 보고 카메라를 들 수밖에 없었고, 사진을 찍었더니 하얗고 폭신폭신하고 뚱뚱한 구름들이 낮은 하늘에 가득 차 있었다. 여행 중에는 잘 하지 못하는 인스타그램이지만, 구름이 너무 예뻐서 사진을 몇 장 올렸더니 레옹이 댓글을 썼다.

'그곳의 구름은 그렇게 건물에 납작 붙어 있는 건가?'

뭐든 좋다. 이곳과 그곳이 다르게 예쁘다는 사실. 각자 고유한 느낌을 풍길 수 있다는 사실. 나도 나만의 고유한 성질을 갖고 싶다고 생각했다. 나만의 고유하고 선한 분위기를 풍겨야겠다고 마음먹었다.

포르투갈 여행 기념품

Coimbra

비 오는 날
코임브라 기차여행

새벽에 눈을 떴다. 창밖에서 파도 소리 같은 것이 들려오고 있었다. 빗소리였다. 창문을 조금 열자 진한 비 냄새가 파도처럼 밀려왔다. 지난 계절에 나는 스스로를 'Pluviophile'이라 칭했었지 : 비를 좋아하고, 비의 냄새로부터 편안함과 즐거움을 찾는 사람.

코임브라 기차 시간을 검색했다. 미리 기차표를 예약하는 것이 백번 나았지만, 코임브라에서 얼마나 오래 머무르고 싶을지 가늠하기 어려워 그만두었다. 돌아오는 기차의 막차 시간 정도만 알아두고 코임브라에서 양껏 머물 생각이었다.

8:30AM

간단한 요기를 하려고 포르투의 가장 오래된 극장 아래에 있는 작은 카페에 들어갔다. '커피 창고'라는 뜻의 'ARMAZÉM DO CAFFÈ' 창가 자리에 앉아 한숨 돌리려는데, 이른 시간이라 브런치 메뉴는 아직 준비되어 있지 않다고 했다. 게다가 그녀는 영어를 할 줄 몰랐다. 관광지 한가운데에 있는 카페이지만 관광객들이 찾지 않는 곳, 영어 따위는 신경 쓰지 않는 곳이라니, 괜히 매력적이다.

어쩔 수 없이 카페를 나와 상벤투역으로 향했다. 펼쳐 든 우산이 발걸음에 맞춰 흔들거릴 때마다 출근하는 사람들과 눈이 마주쳤다. 같은 시간에 같은 길을 걷고 있지만, 출근하는 마음과 여행하는 마음은 다를 것이다.

상벤투역 안쪽으로 기차표를 사는 창구가 여러 개 있다. 지하철

로 한 정거장 이동 후 기차로 갈아타서 코임브라 B역에 내려 코임
브라대학교 가까운 코임브라역으로 다시 갈아타야 했다. 굉장히 복
잡하게 들리겠지만, 사실 서울 지하철 갈아타는 여정과 비슷했다.
기차표는 편도 17.2유로였다.

　기차 출발시간까지 대략 30분 정도 남아 있었다. 포르투를 여행
한 사람이라면 한 번쯤 눈여겨보았을 상벤투역 왼편에 붙어 있는
제로니모 카페Jeronimo Cafe에서 커피 두 잔과 에그 타르트와 포르
투갈식 크루아상을 주문했다. 다 합해서 5.55유로밖에 안 했는데,
5.6유로를 건네니 0.05유로 줄 거스름돈이 없다고 종업원은 미안
해했다.

　우리는 제로니모 카페의 로고가 귀엽다고 이야기하며 창밖으로
지나가는 우산들을 바라보았다.

9:20AM

기차인지 지하철인지 아직도 아리송하다. 버튼을 누르고 타야 하는 유럽 기차 시스템에는 갈 때마다 적응 중이다. 4분 뒤 첫 번째 역에서 갈아탈 것이다. 차창 밖의 도우루 강은 아름다웠다. 옆 자리에 앉은 노부부는 한국인일까 궁금한 사이 그들의 한국어 대화소리가 들렸다.

"이 사진 봐요, 여기 참 좋았는데….”

스마트폰 사진첩을 바라보며 대화를 나누는 그들의 모습 뒤로 펼쳐진 도우루 강은 유난히 더 반짝거린다. 소음에 묻혀 자연스럽게 멀어지는 대화는 이렇게 내 머릿속에 저장되었다가 손가락으로 새어 나왔다.

환승을 위해 내린 곳에서 역무원에게 코임브라 기차 타는 곳을 물어보니 "에이또, 에이또.”라고 반복하셨다. 8번 기차 레일을 찾아가란 뜻이었다. 감사한 마음에 나도 "Obrigada, Obrigada." 반복하여 인사했다.

9:40AM

2등석 기차는 콘센트와 쓰레기통이 구비된 깔끔함을 자랑했다. 머리를 댈 수 있는 쿠션이 덧대어 있고, 책을 읽거나 랩탑laptop을 할 수 있는 커다란 트레이tray가 장착되어 있었다. 신호가 약하지만 와이파이도 있다는 걸 자랑으로 내세우고 있었다. 기차 안에서 여행자에게 꼭 필요한 것은 아니겠지만, 출퇴근 시에는 유용할 것이다.

서류가방을 오버헤드빈에 올리려던 신사는 손가락으로 훑어 먼지가 있는지 확인 중이었다. 그는 갈색 수트를 입고 뿔테 안경을 끼고 있었다. 내가 아는 그와 비슷한 사람을 떠올리다 피식 웃음이 새어 나왔다.

10:52AM

코임브라 B역에 도착했다. 포르투에서 함께 기차에 올랐던 이탈리안 여인 세 명과 이번에도 함께 내렸다. 우린 '진짜 코임브라역'에 가려면 어떻게 가야 하는지에 대해 눈빛으로 대화하며 우왕좌왕하다가 함께 해결책을 찾았다. 3번 레일에서 20분을 더 기다렸다가 11시 10분 기차를 타고 10분을 더 가서 코임브라에 도착했다. 코임브라에는 잠시 그쳤던 비가 다시 내리고 있었다.

비가 내리는 코임브라역에서 약 10분 정도 가만히 서 있었다. 코임브라대학교는 역에서 그리 멀지 않으니, 비도 오고 그래서, 택시를 탔다. 젊은 남자 기사분이 가리키는 건물에서 입장료를 지불하고 가장 먼저 조아니나 도서관으로 향했다. 세상에서 가장 아름다

운 도서관으로 손꼽히는 곳.

비로 인해 질척거리는 땅을 밟고 우산을 손에 들고도 발걸음만
은 가벼웠다.

빛이 출렁이는 곳,
조아니나 도서관

조아니나 도서관Biblioteca Joanina 투어 시작 시간을 10분 정도 남겨두고 티켓을 손에 넣었다. 코임브라대학교 탐방과 도서관 입장 티켓을 묶어 구입하면 1인당 12.5유로이다.

어린 시절 학교 운동장에서 첨벙대던 고인 물 같은 것이 흙바닥 곳곳에서 영역을 넓히고 있었다. 운동장 가장 끄트머리에 있는 조아니나 도서관으로 걷는 동안 후드득 후드득 빗방울이 거세져 우산 위로, 땅 위로 통통 튀어 올랐다.

11:50AM

조아니나 도서관은 분명 운동장에 있는데, 입구는 계단을 내려간 곳에서 시작한다. (알고 보니 입구와 출구가 달랐다.) 지하 2층 입구에

서 맞이하는 그녀에게 티켓을 건네자 학생 감옥으로 사용된 공간을 먼저 둘러보고 계단을 올라가면 좋을 거라는 설명을 해주었다.

학생 감옥?

'Prisão Acadêmica(Academic Prison)'라 불리는 이곳에는 규율을 어기거나 행동거지가 바르지 못한 학생들이 갇혀 있었던 곳인 모양이다. 학생들을 가두기에 너무 가혹한 것이 아닌가, 라는 섬뜩한 마음이 들자 하얀 벽에서 서늘한 기운이 뿜어져 나오는 듯하여 서둘러 계단을 올랐다.

지하 1층은 오래되어 해진 책을 보수하고 유지하는 곳이었다. 같은 시간대에 도서관 투어 티켓을 거머쥔 사람들은 그곳에 모여 기다렸다가 도서관으로 향하는 문이 열리자 들뜬 표정을 그대로 내

보였다.

　장엄하다. 어두운 곳에 살아 숨 쉬는 책들이 놓여있다는 것만으로도 이렇게 엄숙해질 수 있을까. 오래된 책이 주는 아름다움을 표현할 수 있는 말이 있는지 잠시 생각해보았다. 창문으로 비가 그쳤음을 알려주는 빛이 들어왔다. 책 사이에서 출렁이는 빛의 추임새는 분명 아름다운 도서관 분위기를 더욱 살리고 있다. 사람들은 한껏 숨을 들이마신 채로 조용히 걸으며 단 한 권의 책도 놓치지 않겠다는 일념으로 최대한 눈을 깜빡이지 않았다.

　필요에 의한 빛이 새어 들어오는 동안 적정한 온도와 습도를 유지하여 책이 상하지 않도록 보관하고 있었다. 많은 사람이 박쥐 공격 대비책을 세워 두었다고 착각하고 있지만, 사실 박쥐는 조아니

나 도서관이 설립되었을 무렵부터 함께하고 있었다고 한다. 보통
의 박쥐보다 훨씬 작은 크기(약 1인치)의 박쥐들이 책장 구석에서 잠
을 자고 있다가 밤이 되면 나타나는 책벌레들을 먹어 치운다는 것.

12:30PM

도서관 탐방의 시간은 아쉽지만 10분으로 끝나고 말았다. 때마
침 점심시간이었다. 이왕 대학교에 왔으니 학생식당을 이용해야
겠다는 생각이 스쳤다. 학생식당을 찾아 반 계단 아래로 내려가니
정겨운 풍경이 펼쳐진다. 포르투갈을 상징하는 국기 등의 굿즈들

이 식당 한구석을 장식하고 있었다. 식당에서 토론이나 공부를 한다고 두꺼운 책을 펼쳐둔 학생들을 보고 문득 그 풋풋함에 싱그러워졌고.

줄을 서고 식판을 들었다. 단출한 메뉴, 무엇을 먹을까 고민할 필요도 없이 포르투갈 정통 음식인 알렌테주Alentejo – 알렌테주는 지역 이름이기도 하다 – 를 골랐다. 영어로 'Pork and Clams'라고 불리는 알렌테주는 말 그대로 삶은 돼지고기와 조개를 섞어 요리한 것을 말한다. 우리나라의 된장 보쌈과 비슷한 맛을 내는 듯하지만, 조금 더 퍽퍽한 고기에 조개를 더했다고 하면 이해가 쉬울 것이다. 하얀 밥과 함께 먹으면 짭조름한 양념 맛에 씹는 맛이 더해져 무난하면서도 맛있는 한 끼를 해결하기에 좋다.

대학교를 둘러보려는데 직원들의 점심시간이란다. 그들은 점심시간 등의 휴식을 정확히 지키기 때문에 (우리나라 식당의 Break Time과 비슷한 개념) 그 시간에는 대학교 시설에 접근하기 힘들다. 아쉽지만 기념품숍에서 도자기로 구운 자석과 컵받침, 코임브라 스케치 연필을 구입한 뒤 코임브라대학교를 떠나기로 한다.

1:30PM

비가 그쳤다. 대학교를 나가 내려가는 길에 보이는 마을은 포르투나 리스본에서 본 마을과 느낌이 또 다르다. 올라올 때와 달리 내려갈 때는 걸어가기로 마음을 먹었는데, 꼬불꼬불한 길을 제대로 알 길이 없다. 푸니쿨라를 발견했지만, 주말에만 운행한단다.

복슬복슬한 개와 함께 있는 노인 두 분에게 길을 물었다. 두 분은 주머니에서 꼬깃꼬깃한 지도를 꺼내 펼쳐 보인다. 알고 보니 그들도 여행자들이었다.

"우리도 여행자들이야, Dutch."

2:00PM

다시 비가 내리기 시작할 무렵 운 좋게도 택시를 잡았다. 이번에는 말이 통하지 않는다. 영어를 도통 하지 않는 택시기사와 신기한 의사소통이 이루어졌다. 길이라고 하기에는 너무 가파르고 좁은 돌길을 파르릌 내려갔다. 겨우 10분도 안 되는 구간이었지만, 놀이기구라도 타는 양 "Oh, my!"라는 감탄사가 절로 나왔다.

'올라왔던 길과 내려가는 길이 다른 이유가 무엇일까?'

알고 보니 이 근방 길은 죄다 일방통행이라 올라왔던 길로 내려갈 수는 없던 것이다. 택시기사가 포르투갈어로 "블라블라~" 말을 걸어왔지만, 느낌상 이대로 포르투까지 가자는 말인 것만 같아서 "No."라고 대답했다. 택시 아저씨와는 사이좋게 헤어졌다.

비가 내리다 그치기를 반복하였다. 골목을 걸었다. 시들어가는 야채와 과일이 진열된 가게를 지나고, 자전거를 탄 남자와 눈이 마주쳤다. 길을 잃은 건 아닌가 걱정할 무렵 원점에 도달했다.

3:00PM

아무 식당에 들어가 맥주를 시켰다. '아무' 맥주를 주문했더니 '시큼'한 과일향이 너무 강해서 그만, 맥주를 바꿔 줄 수 있는지 물어보니 흔쾌히 바꿔주신다. 포르투갈 에일맥주 1906을 마시며 이번에는 문어 요리를 주문했다. 문어가 없다며 "오징어(깔라마리) 어때?" 하는 말에 이번엔 내가 양보하기로 한다. 흔하디흔한 오징어튀김만은 아니길 바랐는데, 의외로 꽤 훌륭한 오징어 요리Grilled Squid with vegetables가 나왔다. 레스토랑에서 라이브 노랫소리가 들렸다. 손님 중의 한 명이 노래를 부르기 시작한 모양이다. 창밖은 다시 비가 그쳐 빛이 닿을 듯했지만, 식당을 나서니 다시 비가 내렸다.

돌아오는 완행열차에서
우리는,

비가 그친 뒤라 촉촉하게 물기를 머금은 코임브라 돌바닥은 반
짝거렸다. 마치 지나가는 사람들의 발걸음에 대고 말을 거는 듯 반
짝반짝 윤기가 났다. 사람들은 아랑곳하지 않고 걸었다. 바짓자락
에 물방울이 튀지 않도록 걸음을 촘촘히 하다가 잠깐 멈추고는 쪼
그려 앉아 카메라 뷰파인더에 비스듬히 돌바닥을 담아보았다. 아
무리 봐도 매력적인 울퉁불퉁한 돌바닥의 향연에 웃음이 났다. 어
떤 이는 캐리어 끌기가 힘들다며 툴툴대기도 한다지만 '그 정도의
정성 없이 나를 지르밟을 생각은 하지도 말라.'는 듯 도도한 표정을
짓고 있는 돌바닥인 것만 같아서, 그걸 혼자만 알아차린 것만 같아
서, 별일도 아닌 이런 일에도 의미 부여를 하면서, 여행이 마냥 좋
다고 생각하면서.

코임브라 거리를 조금 더 걷다가 기차역으로 갔다. 분명 돌아가는 시간표를 알아두었는데 전광판에서 찾을 수가 없다. 알아두었던 시간표는 중간역에서 출발하는 시간이었다는 걸 어렴풋이 깨달았다. 즉석에서 기차표를 구입하면서 가장 빠른 시간의 티켓을 달라고 했다. 역무원은 아베이루행 열차를 타서 '포르투-깜빠냐'에서 딱 한 번만 갈아타고, 상벤투역으로 가라고 재차 강조했다. 4번 레일 앞으로 가서 두리번거리고 있는데, 할아버지 한 분이 나지막이 "아베이루, 아베이루" 하고 중얼거리며 지나간다. 포르투까지 가려면 아베이루행 열차를 타면 되는 거였다.

그런데 이상하다. 이름 모를 역에서 기차가 자꾸만 정차한다. 불길한 예감을 안고 기차 어플을 확인해보니 이 열차, 완행열차인 모양이다. 완행열차라니! 아베이루까지 15분 만에 도착할 거리를 1시간이 걸려 가야 했다. 아베이루에 들렀다 갈까 했던 계획이 무산된 건 물론이다. 스르륵 빠질 뻔한 기운을 금세 차리고 정차할 때마다 보이는 역 이름을 수첩에 옮겨 적기 시작했다.

Coimbra B - Adémia - Vilela Fornos - Souselas - Pampilhosa - Mealhada - Aquim - Curia - Mogofores - Paraimo Sangalhos - Oliveira do Bairro - Olã - Quintans - Aveiro

아베이루? 아베이루에 정차하자 표를 검사하는 역무원이 티켓에 구멍을 뚫더니 포르투갈어로 블라블라 말을 건다. 내리라는 걸까? 우린 포르투-깜빠냐 역으로 가야 하는데, 여기서 갈아타라는 뜻인가? 한 시간 동안 영혼이 탈탈 털린 탓일까. 무언가에 홀린 듯 열차에서 내린 우리는 떠나는 기차의 뒤꽁무니를 보고서야 깨달았다. 우린 아베이루에 가지 않기로 했다는 걸, 포르투-깜빠냐 역에서 딱 한 번만 갈아타고 상벤투역으로 가면 된다는 사실을 역무원이 재차 강조했다는 걸. 허무함은 잠시, 눈물 나도록 한참을 웃었다.

어찌어찌 기차를 찾아 다시 아베이루에서 포르투-깜빠냐 역으로 가는 기차를 탔다. 느낌이 싸하다. 이 열차 또한 1시간 걸리는 완행열차였다. 또다시 정차하는 역마다 이름을 수첩에 옮겨 적었다.

Aveiro - Cacia - Estarreja - Avanca - Ovar - Esmoriz - Espinho - Granja - Valadares - Gaia - General Torres - Porto Campanhã

수첩에 이름을 옮겨 적는 동안 간간이 기차 안의 풍경을 살피기도 했는데, 사람들은 저마다 자신의 이야기를 가지고 기차에 올라탄다고 생각하기 때문이었다. 그건 일종의 '여행자라면 응당 해야 할 일'인 것처럼 여겨졌다. 기껏해야 중학생 정도로 보이는 남자아이가 오랜 시간 집중하여 책을 읽고 있는 모습이라든지, 이어폰을 꽂고 창밖을 하염없이 바라보는 갈색 머리 아가씨의 눈빛이라든지, 아무 사연 없이 퇴근길을 맞이한 회사원의 옷차림이라든지, 그런 풍경을 보며 나름의 이야기를 만들어보는 건 여행자만이 할 수 있는 근사한 상상이었다.

포르투-깜빠냐 역에 도착했을 때는 어스름하게 땅거미가 지고 있었다. 이제 상벤투역으로 가는 열차로 갈아타는 일만 남았는데, 눈앞에서 그 열차를 또 놓치고 말았다. 다음 열차는 15분 뒤에 온단다. 1시간에 올 수 있는 거리를 2시간 걸려 도착해놓고는 고작 15분을 더 기다릴 수 없어 택시를 타기로 했다. 두 시간 열차 요금은 8.9 유로였고, 10분 택시비는 5유로였다. 시내를 거쳐 숙소로 돌아가며

차창 밖 도시 풍경을 바라보는 것도 나쁘지 않다고 생각했다. 아니,
놀라울 만큼 그럴듯한 결정이었다.

Costa Nova

Bonita! Costa Nova!

"저기 밖에는 다른 삶이 있어. 내 말을 믿어."
－『사랑을 말할 때 우리가 이야기하는 것』 레이먼드 카버

그 해 여름의 기억을 더듬어본다. 포르투에서 코스타노바를 향해 달리던 길, 나는 불현듯 떠난 사람과 남은 사람 중에 누가 더 괴로울까에 대한 대답을 찾으려 무던히 애썼던 것 같다. 막연한 생각들이 머릿속을 휘젓고 나서야 나도 모르게 속도를 높이고 있다는 것을 깨달았다. 자동차 계기판 숫자가 170을 가리키고 있었다. 돌연 깜짝 놀랄 정도로 겁이 나고 말았지만, 빠르게 휙휙 지나가는 낯선 풍경은 분명 위로였다.

코스타노바Costa Nova에 도착하니 바다내음이 일렁인다. 하나

둘 짝을 지어 해변을 달리는 사람들, 바람에 흔들리는 요트, 그리고 바람 소리, 아무것도 아닌 이러한 것들이 또 한 번의 위로가 된다.

사진에서 보았던 선명한 세로 줄무늬 집들이 보이지 않아 무작정 걸었더니 마을 곳곳에 숨겨진 매력이 눈에 들어온다. 지도를 확대해보니 코스타노바는 포르투갈 전체 지도와 닮아있다. 길쭉하게 세로로 펼쳐진 백사장이 펼쳐진 바다를 만난 것도 정처 없이 걷다가 만난 행운이었다.

코스타노바의 뒷골목은 조금 더 따뜻하다. 바람에 바랜 듯한 파스텔톤 색상의 아줄레주 타일로 벽면을 가득 채운 집들이 골목을 가득 채운다. 아무 집 앞에 한참을 서성이며 똑똑 문을 두드릴 뻔했다. 때마침 개인 하늘은 더없이 파랗기만 하고….

새삼 떠올려본다. 코스타노바에 머무는 시간에 나와 제이는 특별히 신이 나거나 화가 나거나 하는 등 기분의 변화를 겪지 않았던 것 같다. 말없이 운전하여 도착한 곳에서 우리는 말없이 걸었고, 서로의 사진을 찍어주며 서로를 향해 웃어 보이기만 할 뿐이었다. 그렇게 잔잔한 하루가 지나가고 있었다.

"Bonita!"

예쁘다는 뜻의 포르투갈어를 외치며 손끝으로 가리킨 것은 다름 아닌 그들 집에 매달린 빨랫줄. 포르투갈에서 창가의 빨래들은 특히 로맨틱한 소재가 되어 버리고 만다.

남의 집을 가리키며 "보니따! 보니따!"라고 외치니 그들은 의아했겠지. 나의 말(이 의도한 것)을 이해했는지 혹은, '얘는 어떻게 생긴 집에 살길래?'라고 생각했는지 모르겠지만, 그래도 그들은 나를 향해 끄덕이며 웃어주었다.

그들의 아무 날, 아무 시간은 나에게 상대적으로 너무나 bonita 한 시간이었던 것.

여름철 코스타노바는 며칠 머물다 가도 될 만큼 충분히 멋진 곳이다. 사람들은 해변에서 하루를 온전히 보낸다. 해를 쬐고, 높은 파도에 몸을 맡긴다. 아이들은 공놀이를 하고, 노인들은 파라솔 아래에서 책을 읽는다. 한켠에 만들어진 비치 클럽에서는 쉴 새 없이 음악이 흘러나오고, 여행자들은 무료로 음악을 듣는다. 해변에서 조금 떨어진 공터에는 주차된 캠핑카가 즐비하다. 캠핑카 앞에 둘러앉아 고기나 해산물 등을 구워 먹는 사람들에 시선을 뺏긴다. 다가가서 덜컥 남는 의자가 있냐고 묻고 싶을 정도로 그들은 몹시 행복해 보인다.

멀리 고기잡이배가 느리게 흘러가고 갈매기들은 손에 닿을 듯 낮게 날고 있다.

도시마다 가진 매력이 다 다를 수 있다는 것에 다시 한 번 놀라고 만다. 유럽 대부분의 나라가 그렇지 않느냐고 반문할지도 모르겠다. 유럽의 뭇 인기 있는 나라들을 떠올려보니 끄덕끄덕 동의할 수밖에 없다. 하지만 뭐랄까, 포르투갈 도시마다 풍기는 색채와 분위기는 결이 다르다고 할까.

우리는 조금 더 걷느라 시간을 보내고 만다. 식사 시간이 지나서

야 무얼 먹을까 고민하고 있었다. 식사는 뒷전이고 마을 앞에 즐비한 작은 기념품 가게에서 한참 머무른다. 영어를 못하는 주인 할머니에게 "três(3)? quatro(4)?" 같은 숫자 단어와 손가락 모양을 합쳐 대화를 나누며 서로 웃었다. 줄무늬 집 모형과 자석을 몇 개 사서 나오는 발걸음은 매우 가볍다!

코스타노바에도 대구탕이 그렇게 맛있다는데…. 국물 요리를 별로 좋아하지 않는 나는 오늘만큼은 '포르투갈 식이 아닌' 요리를 먹겠다며 고집을 피워본다. 정박되어 있는 요트와 구름이 닿아 있다고 생각하며 마시는 망고 밀크셰이크 역시 뜬금없다고 생각하겠지? 그래서 무얼 먹었냐고요?

투명한 물가에 만들어진
줄무늬마을

짧은 시간이었지만 선명한 기억을 남긴 마을, 코스타노바^{Costa} Nova의 사진을 보고 있자니 사진은 빛으로 그린 그림이라는 말이 떠오른다. 그러나 이 아름다운 색을 가진 집들, 이 마을의 색을 정확하게 표현할 수 없어 나는 얼마간의 시간을 헛되이 흘려보냈다. '빨간색이나 초록색인 줄무늬 집들이 예쁘다.'라고 쓰긴 싫어서 머리를 쥐어짜 내다가 안절부절못하고 있다. ─결국은 그렇게 써버린 셈이다─

요즘 나는 어휘력을 잃고 있다. 적절한 표현을 찾지 못해 자주 아찔해진다. 닥치는 대로 책을 읽고자 애쓰며 온갖 단어를 '잘' 사용하고 싶어 하지만, 어휘 능력은 어쩌면 타고나는 게 아닐까 하여 좌절하기도 한다.

『외면일기』에서 미셸 투르니에는 오늘날 −2002년에 출간되었으나 훨씬 이전에 써둔 글을 모은 책이다. 심지어 그때에도− 글말의 문맹이 늘어나고 있다고 했다. 동시에 입말 또한 왜 중요한지도 설파하고 있는데, 그렇다면 나도 코스타노바의 느낌을 입말로 표현해볼까 하며 쓰던 글을 멈추고, 고개를 들어 "있잖아, 그 마을에 도착했을 때 마주한 집들은 마치 동화 같았고⋯." 아차. 더 이상 여행을 말할 때 동화 같다는 말을 쓰고 싶지 않았는데 말이다.

그러니까 그 마을에서는 그 어떤 긍정의 묘사가 잘 어울릴 정도로 아름답고 조화로워 안전하다고 느껴지기까지 했는데, 자세히 보면 슬픔이 묻어나기도 했다. 1층과 2층 집 테라스에는 나이가 지긋이 들어 보이는 분들이 가만히 앉아 지나가는 사람들 혹은 저 멀리 바다를 바라보고 있었다. 창문에 기대어 서서 담배를 피우고 있기도 했다. 창문 틈으로 보였다 마는 커튼 자락이 돌연 기분을 희미하게 흐려놓았다.

여행을 하다 보면 집이 궁금해지기도 한다. 길을 걷다가 멈춰 서서 누군가 살고 있는 집들을 가만히 바라보는 시간도 적지 않았다. 별게 다 궁금해지거나, 그래서 훔쳐보고 싶거나, 마치 소설가가 된 듯 메모장을 열어 그 순간의 감정을 마구 남겨보는 시간도 여행의 일부가 아닐까.

처음 코스타노바를 발견한 건 어부들이다. 새로운 물가New Shore라는 뜻을 가지고 있는데, 물가에서 머지않은 하얀 모래 평원

위에 줄무늬 집들이 촘촘하게 붙어 있다. 투명한 물가에 마을을 만든 어부들은 집을 짓고 다시 바다로 떠나버렸다. 돌아올 때에는 집을 잘 찾아오려고, 잘 찾아오길 바라는 마음으로 색을 더했다는 말이 전해진다. 기다리는 이들은 계절이 바뀔 때마다 빛이 닿는 면면을 정성스럽게 다시 칠한다고 한다.

어쩐지 까맣게 밤이 내려도 깜빡깜빡 빛을 쏟아낼 것만 같다. 사랑하는 이가 돌아오기를 기다리며 집은 고요한 호흡을 하고 있다고 느꼈다. 집은 내가 돌아갈 곳이기도 했다. 그제야 비로소 여행이 완성될 테니까.

Aveiro

운하가 있는 작은 마을,
아베이루

첫 포르투갈 여행에서는 지나쳤던 도시였지만, 이번에는 들르기로 했다. 아쉬움이란 그런 것이 아니던가. 조금 남겨둔 채 언젠가 다시 느낄 수 있을 거라고, 다시 볼 수 있을 거라고 위로하는 감정. 어쩌면 삶은 아쉬움의 연속인지도 모르겠다. 여운이랄까. 후회와는 조금 다른 이야기다. 후회는 막 첫 데이트를 끝내고 돌아와서 그에게 키스하지 않은 걸 깨닫고는 입술을 살짝 깨물며 느끼는 감정일 테다.

다시 찾은 아베이루에서는 비가 내리고 있었다. 운하가 도로를 대신하고 있기에 포르투갈의 베네치아라는 별명을 가지고 있지만, 그런 풍경을 보기엔 사뭇 문제가 있었다. "배 한 번 타볼래?" 하고 호객행위를 하던 이들도 굵어지는 빗방울에 포기한 듯하다. 물가

에 동동 떠 있는 곤돌라가 문득 외로워 보였다. 아니, 어쩌면 그들에게 휴식이 필요했는지도.

아베이루의 곤돌라는 몰리세이루Moliceiro라고 불린다. 아베이루의 특산품인 소금과 수초를 나르던 작은 배는 이제 여행자들이 마을을 둘러보는 용도로 더 많이 쓰인다. 이래 봬도 몰리세이루를 운영하는 사업체가 약 10개 정도라고 하니, 꽤 경쟁을 할 것 같다.

선명한 색상과 다양한 문양을 한 배들을 자세히 보면, 그 문양과 그림이 하나같이 다 다르다. 하나하나 수작업으로 그림을 그렸다는 뜻이다!

　　정교하게 만들어진 몰리세이루 모형을 하나 구입했다. 회색빛 운
하에 낮게 깔린 회색 구름 속에서도 선명하던 몰리세이루를 타는
꿈을 집에 돌아가면 꿀 요량이었다.

Obidos

활기차고 쓸쓸하다

: 오비두스의 여름과 겨울

낯선 풍경을 가르는 한적한 도로 위를 싱그럽게 달리는 중이다. "I'll be your band-aid."라고 읊조리는 gnash의 노래를 들으며. 흥에 겨운 입술을 오물거리며. 노래를 듣다가 자주 슬퍼하던 그 계절의 건조한 향기가 스피커를 타고 흘러나오는 듯하다. 내가 너의 상처를 덮어줄 밴드bandage가 되어줄 거라는 가사는 아프지만은 않구나. 시절을 겪는다는 건 어쩌면 잊는 거겠지.

지난 여행 일기를 들추어 보니, 오비두스는 온통 예쁘다는 수식어로 가득하다. 하얗고, 노랗고, 파란 담장에는 분홍색 꽃들이 입체적으로 튀어나와 있는 곳, 그래서 가만히 손을 내밀어 볼 수밖에 없는 곳, 가만히 앉아 있는 고양이와 눈을 마주치고 있노라면 비밀의 문으로 데려가 줄 것 같은 곳. 이렇게 동화 속 마을 같다는 진부한

표현을 갖다 붙여도 스스로 반짝반짝 빛나는 곳, 포르투갈 소도시
오비두스를 다시 찾았다.

오비두스 숙소 에어비앤비 Casa

예약해 둔 에어비앤비 숙소를 바로 눈앞에 두고도 찾지 못했다.
고개를 들어 본 하늘의 하늘색에 감탄하거나, 돌바닥을 반쯤 덮은
그림자 위에 떨어져 있는 꽃잎에 눈길을 주느라 그랬다. 게다가 내
가 찾은 그 숙소의 대문은 이름 모를 생기 왕성한 덩굴이 담장 대부

분을 덮고 있더랬다. 그림을 그린 건지, 그림 같은 인장을 찍은 건지 구분이 안 가는 숙소의 이름이 눈앞에 있다는 걸 발견하자마자 어린애처럼 웃었다. 진한 초록색 대문을 두드렸다. 그 해 여름은 유난히 따사로울 뿐이었다.

실로 '궁전 같다'라는 표현을 한 번 더 해야겠다. 겪어본 적 없으나 유럽 왕실 인테리어는 이런 분위기를 풍기지 않을까 생각했다. 회색보다 은빛에 가까운 머리칼을 정갈하게 빗어 내린 호스트가 웰컴 드링크로 진자Jinja – 체리주라고도 하며 초콜릿으로 만든 작은 잔에 따라 마신 후 잔도 먹는다 – 를 따라 준다. 행복하다는 찰나의 감정을 잃기 싫어 카메라를 들었다.

8월, 그리고 2월

오비두스 빌리지Obidos Village는 성곽 안에서 오랜 시간 존재해 온 작은 마을이다. 그 크기가 아담하기 그지없어 성곽 위에서 내려다보면 마을 전체가 한눈에 담긴다. 앙증맞은 상점들이 꼬불꼬불 이어져 발걸음 떼기가 쉽지 않다. 마을 전체를 둘러보는 데 한 시간이면 충분할 줄 알았는데, 하루를 꼬박 써도 모자랐다. 그 해 여름, 떠나는 발을 동동 구르며 '다시 올 거야.'라고 한 결심을 2년 만에 이뤘다.

"포르투갈에서 가장 좋았던 곳이 어디야?"라고 물으면 단연코 "오비두스!"라고 답하곤 했다. 2018년 「비긴어게인2」 방영 이후에 포르투갈에 대한 관심이 급증하며 비슷한 질문을 많이 받았다. 포르

투갈 여행길에 오른 지인들에게는 오비두스에는 꼭 가야 한다며,
오비두스 홍보대사라도 된 듯 굴었다.

그렇게 내세운 추천은 괜찮지 않았다는 걸 너무 늦게 알았다. 사람마다 좋아하는 여행지의 느낌이라는 건 다르게 다가오니까. 한 사람 한 사람이 겪는 시절에 따라 그마저도 다르게 다가오는 것일 테니.

다시 찾은 겨울의 오비두스는 황량하고 쓸쓸했다.

그 해 여름 포르투갈은, 특히 오비두스는 사람들로 복작거리면서도 한적했다. 올해 봄이 오기 전 겨울, 그 거리는 한가하지만 외로웠다. 매인 데가 없다지만 마땅하지 않았다. 물기를 머금은 축축한 돌바닥을 밟는 동안, 햇빛이 환하게 비치던 골목 구석구석이 그리웠다.

올해도 한 계절을 지나고 보니 겨울의 오비두스를 좋아하는 사람도 많을 거라는 생각이 든다. 해가 쨍하게 마른날을 사랑하는 우리는, 토닥토닥 내리는 비가 창을 두드리는 소리를 좋아하기도 하니까. 선글라스를 끼고 호기롭게 걷곤 하는 우리는, 튀어 오르는 빗방울을 밟으려 좋아하는 색깔의 우산을 펼쳐 들고 나서기도 하니까.

"포르투갈에서 어디가 가장 좋았어?"라는 질문에 지금의 나는 다른 답을 내놓을지도 모른다. 내가 겪고 있는 시절에 따라 대답은 달라질 것이다. 포르투갈의 중심과 북부와 남부, 여러 소도시를 둘러보며 생긴 애정의 이유 역시 각기 다를 수밖에 없기 때문에. 내가 겪은 계절과 당신의 계절의 온도는 다를 수밖에 없기 때문에.

음산한 날에 카메라를 들고 나서는 걸 좋아한다는 어느 여행자의 얼굴이 떠올랐다.

멀리서 바라본
마을의 풍경

견고한 성벽길을 걷다가

여행을 추억하며 사진을 보고 있었다. 내가 추억하는 건 사진이 아니라 그날의 기억이라는 걸 깨닫는다. 좁은 성벽 길을 따라 둥그렇게 걷다 보면 여행자들은 서로 어깨를 부딪치고, 눈인사를 하고, 미소를 짓곤 했다. 도시를 채운 건 적막이 아니라 활기였다. 성벽 위에서는 사람들의 분주한 걸음걸이를 따라 마을 전체를 조망할 수 있다. 낮에서 밤이 되면 노란 가로등 불빛이 켜졌다. 푸르스름한 공기 속에서 둥그렇게 퍼지는 빛은 마치 여름철 아지랑이 같았다.

중세시대를 배경으로 한 영화 속에 나오는 그런 성벽의 아치형 문을 지나면 마을이 모습을 드러낸다. 미로 같은 구불구불한 길 양옆으로 하얀 벽을 지닌 집들이 사이좋게 붙어 있는데, 대부분 상점

들이다. 초콜릿 잔에 담긴 달콤한 진자 와인을 팔거나 아줄레주 문양을 한 소품을 팔고 있다. 해변의 조약돌을 모아 만든 것 같은 울퉁불퉁한 거리 위로 사람들은 모여든다. 여왕의 도시라 불리는 이유는 이러한 소소하지만 빛나는 것들 때문인지도 모른다. 오비두스에서는 오비두스에서만 볼 수 있는 것과 맛볼 수 있는 것, 그리고 느낄 수 있는 것이 있다. 그런 것들이 오비두스를 특별하게 만든다.

지금도 그 작은 마을은 잘 지내고 있는지 궁금할 때가 있다. 바이러스로부터 안전한지, 책방은 잘 있는지 같은 소소한 안부를 전하고 싶은 순간 말이다.

작은 마을 오비두스 골목을 지키고 있는 책방

퀴퀴한 나무 냄새가 날 것만 같은 커다란 책방은 그림책에 나오는 집처럼 지붕이 세모났다. 천장을 향한 뾰족한 세모 모서리까지 빼곡하게 책이 가득 차 있었는데, 다 쓰러질 것만 같은 이 창고형 책방에서도 내 집인 것만 같은 포근한 공기가 느껴졌다. 다름 아닌 책장이 주는 기분 때문이었다. 커다란 벽면 네 개를 채운 건 보통의 책장이 아니라 바로 나무로 만든 와인 상자였다. 포트와인을 담았던 상자일까? 미세하게 겹쳐진 와인 상자의 나뭇결이 책등과 어우러져 버티고 있는 걸 알아차렸을 때, 퀴퀴한 냄새는 달콤한 와인 향으로 바뀌고 말았다. 밤이 되면 근사한 파티를 열기에 좋은 장소라고 생각했다. 물론, 책을 사랑하는 사람들에 한해서. 그리고 좋아하는 책의 좋아하는 글귀를 하나씩 말해야 한다는 규칙을 만들 것이다. 우리는 글귀 하나만 고르기가 너무 아쉬워 고민하는 밤을 보낼 것이다.

Palmela

포르투갈 옛 성에서
근사한 식사와 하룻밤

🔲 Pestana Pousada Castelo de Palmela

· Castelo de, 2950-317 Palmela

　여행을 하며 마주치는 마을은 꽤히 신비롭다. 오밀조밀 모여 터
전을 잡은 이곳 사람들의 이야기는 어떠할까 궁금해진다. 여행자
를 따스하게 품어준다. 몇 번이나 굴곡을 지나서야 산꼭대기에 자
리 잡은 성터에 도착했다. 팔멜라까지 운전하며 오는 내내 낮게 걸
려 있는 구름 덩어리는 여전히 제자리에 머물러 있었다. 하늘과 땅
사이에 푸른빛이 맴돌며 시야를 가렸지만 슬프지 않다. 집집마다
켠 불빛들이 울긋불긋한 별빛인 것만 같다.

이곳은 포르투갈의 소도시 팔멜라Palmela이다. 포르투갈 국영호텔 포우자다Pousada에 하루 머물러보기로 한다.

스페인 여행을 해본 사람이라면 한 번쯤은 파라도르Parador에서 숙박을 (계획했거나) 해본 적이 있을 것이다. 여행 중 곳곳에서 만나는 유럽의 아름다운 건축문화를 맛보는 것만으로도 충분할 수 있지만, '파라도르'의 의미는 또 다르게 다가온다. 파라도르는 스페인에서 옛 성이나 요새를 현대식으로 개조하여 호텔로 운영하는 것을 뜻한다. 외관을 그대로 살려둔 것은 물론, 내부 역시 옛 인테리어 장식은 살려두고 최소한의 리모델링 과정을 거쳤기 때문에 최고급 호텔에 속할 수는 없겠다. 하지만 성이나 요새가 위치하고 있는 지리적 특성과 각 도시에 맞게 지어진 파라도르의 특징을 따져볼 때 분명 매력적인 곳임이 틀림없다. 잔뜩 치장한 친구들과 함께 하룻밤을 보내며 결혼식을 하는 사람들을 마주치는 기회를 종종 잡기도 한다.

포르투갈의 포우자다가 바로 스페인의 파라도르처럼 운영하는 숙소이다. 스페인만큼 '고성'의 형태를 유지한 곳이 별로 없고, 도시에서 떨어진 곳에 위치하여 인기가 많지는 않지만, 렌터카 여행중이라면 들러볼 만하다.

room

　방은 생각보다 넓고 생각한 만큼 청결했으며, 고풍스러면서도 아늑했다. 가장 먼저 창문을 열고 한껏 숨을 들이마셔 본다. 흐린 날이지만 초록색은 변치 않는다. 언제부터 풍경을 좋아하게 되었는지 생각해본다. 반대편의 공간에 가만히 서서 바다와 산, 하늘 같은 공간을 그리워하는 일에 대하여. 위로와 벽참이 교차하는 순간에 대하여.

dinner

유럽에서 저녁식사 시간은 한국과 달리 늦게 시작한다. 특히 스페인에 다녀왔다면 저녁 9시 무렵에야 시작하는 레스토랑 문화에 적응하기 힘든 경험이 있을 터. 옆 나라인 포르투갈이라고 크게 다르지는 않다. 여행객을 고려하는 호텔 레스토랑은 오픈 시간이 조금 이르긴 하지만, 유독 팔멜라에서는 함께 식사하는 사람들이 눈에 띄지 않았다. 통째로 레스토랑을 빌린 기분이 들었지만, 마냥 로맨틱한 분위기는 아니었다. 안개가 자욱한 으스스한 날 저녁, 산꼭대기 고성에 우리밖에 없는 기분이라니! 최근에 자주 읽던 스릴러 소설 속 분위기와 비슷하다는 생각까지 이르자 직원을 붙잡고 물어보지 않을 수 없었다.

"설마 투숙객이 우리밖에 없는 건 아니지?"
"그건 아니야(웃음)."
"우리가 조금 이른 시간에 내려오긴 했지만, 사람들이 없길래."
"(으쓱하며) 다른 사람들은 늦게 먹거나 저녁 먹으러 마을에 내려가기도 해."
"아… 그렇구나."

우리의 대화는 조금 더 이어졌다. 여행자가 부럽다는 그는 부양해야 할 가족이 있어 자유롭지 못하다 말했고, 한국이라는 나라가 생소하다고 했으며, 언젠가 한국에 오면 연락하라는 내게, "언젠

가 가볼게."라고 쉽게 대답하던 다른 여행자들과 달리 "그곳은 너무 멀어서 힘들지 않을까?"라고 답했다. 우린 웃었고, 조금은 쓸쓸했으며 또 편안했다.

포르투갈 빵

제이와 나는 평소 먹는 양이 적은 편이라 애피타이저 빵은 안 먹기로 한다. (보통의 포르투갈 식당에서 식전 빵이나 올리브 가격을 따로 받지만 여긴 그렇지 않았다.) 응? 눈앞에 빵을 두고 가당하단 말인가!

"이거 맛있는데 왜 안 먹어?"
"음… 배가 많이 안고파. 메인 메뉴만 먹을까 해."
"이건 포르투갈 정통 스타일이야. 먹어봐. 진짜 맛있어."
"그래? 알았어. 그럼 조금 먹어볼게!"

고마워요. 먹길 잘했다. 진짜 맛있었다. 바삭하고, 쫄깃하며, 고소하고 담백하다! 내가 한 입 베어 물기를 기다렸다가 밝아지는 내 표정을 보고 나서야 안심한 듯 미소 짓는다. 빵 이름을 물어보니 난감해하며 셰프를 소환한다. 일상에서 늘 먹는 기본 빵 종류의 이름을 줄줄 꿰고 있을 리가 없는 것도 당연한 일이다. 생각해보니 포르투갈에서 아침식사로 먹었던 빵들은 다 맛있었다!

Grouper with asparagus risotto w/parmesan cheese
Cod fish, octopus and cuttle fish baked in the oven

송어를 얹은 아스파라거스 리소토는 보기와 달리 담백하여 입맛을 사로잡는다. 기름지거나 느끼하다는 느낌이 전혀 없다. 포르투갈 와인만큼이나 좋은 환경에서 만든 올리브 오일을 사용하기 때문인데, 실제로 올리브 오일만 맛보더라도 그 자체가 최고급 소스 같은 느낌이 든다.

포르투갈에서 매일 먹는 문어 요리는 오늘도 예외가 없다. 구운 대구와 오징어, 야채와 감자를 곁들여 식감을 달리하며 먹는 식사는 더 재미있다.

　포르투를 떠나왔으니 오늘만큼은 포트와인보다는 식사 와인을 마셔야겠지. 그래도 포르투갈 와인을 마셔야겠으니 라벨이 귀엽다는 도우루Douro 와인과 함께 한다. 선명한 루비색 와인처럼 밤도 짙어져가고 있었다.

　*포르투갈 식당에서는 애피타이저로 빵과 버터, 올리브와 치즈 등을 꽤 푸짐하게 제공한다. 한 가지 주의할 점은 대부분의 레스토랑에서 애피타이저 가격들을 따로 청구한다는 것. 포르투갈에 처음 여행을 갔다면 추가된 금액에 당황할 수도 있다. 원치 않으면 주문한 음식이 나올 때까지 애피타이저에 손을 대지 않거나 처음부터 먹지 않겠다는 의사표시를 하면 된다.

　*우리말 '빵'은 포르투갈어 빵인 'pão'에서 유래되었다는 것, 알고 계셨나요?

티켓 & 영수증

Lisbon

리스본의 아침,
그리고 오후

비 오는 날 그리움이 짙어진다고 느끼는 것은 비단 생각에서만 오는 것이 아니겠다. 이른 아침 파도처럼 밀려와 잠을 깨운 후드득 소리, 테이블 물 잔에 채워진 물의 부피만큼 높아진 습도, 창밖에 수직으로 떨어지던 비의 모양새, 출근길 발길 닿는 곳곳을 메우다 튕겨 나가던 입체적 동그라미. 내 시선에 닿은 이러한 것들은 그리운 색깔을 하고, 그리운 소리를 내며, 그리운 표정을 하고 있었다. 이른 아침의 여름비는 이내 시간을, 공간을, 차원을 지나간다.

언제인지 모르게 활짝 뜬 해가 잎사귀에 매달린 마지막 물기마저 쨍하게 말리고 있었다. 숙소 밖으로 나섰는데, 말 그대로 눈이 부셨다. 선글라스를 끼고 다시 하늘을 올려다보았다. 햇살 한 줄기가 발등으로 내리꽂혔다. 거리에는 가벼운 옷차림을 하고 어디론가 향

하는 사람들, 버스킹을 준비하며 악기를 세팅하는 사람들로 북적
댄다. 오른쪽 왼쪽을 두리번거리며 어디로 갈지 잠시 고민했다. 비
스듬한 오르막길에 비스듬히 주욱 늘어선 레스토랑들 중에 한 곳
을 고르기로 한다. 개나리색 크레파스처럼 샛노란 파라솔들이 촘
촘히 모인 테이블이 좋겠다. 고작 100미터쯤 되는 곳을 향해 걷는
도중에도 사람들을 관찰하고, 눈이 마주치면 웃으며 인사하고, 아
무 데나 주차된 자동차들을 가만히 들여다보는 일들을 하느라 시
간이 조금 더 흘렀다.

레스토랑 입구에서 가장 멀리 떨어진, 사람들이 지나다니는 길
가에 테이블이 빈 순간 자리에 앉았다. 자리에 앉고 나서야 보였다.
주위 가게들이 경쟁하듯 각기 다른 색상의 파라솔을 뽐내며 거리

를 점령하고 있다는 것을.

　뜨거운 햇살과 공존하듯 삽상한 여름 바람이 불어와 머릿결을 흩뜨렸다. 테이블을 덮은 두껍고 하얀 천이 들썩였다. 레스토랑 안쪽은 어떻게 생겼을까 궁금할 새도 없이 잰걸음으로 다가온 웨이터가 메뉴만 전해주고 떠났다. 바람이 들추는 테이블보를 연신 바로잡으며 그제야 풍겨오는 크루아상 냄새를 알아차렸다. 테이블 사이사이 빈 공간을 가득 메운 농도 짙은 빵 냄새는 온종일 내내 나를 따라다닐 것만 같았다.

　열 가지 종류가 넘는 크루아상 이름을 빠르게 읽어 내려가다 그 행위를 반복한다. 손가락 끝이 간질간질하다. 무얼 먹을까.

　저절로 입맛이 도는 달달함을 조금 남겨두고 일어섰다. 맞은편 디저트 가게 윈도우에 사람들이 몰려있다. 사실 리스본은 에그 타

르트만 유명한 게 아니다. 여러 종류의 빵과 디저트와 커피도 둘째
가라면 서럽다. 갖지 못하는 아쉬움에 빵 사진을 냅다 찍고는 내일
다시 오기로 한다. '나에게 손짓하는 어떤 것들'은 이럴 때 쓰는 표
현이겠다.

오늘은 28번 트램 출발지를 찾아 상조르제 성을 갈 참이다. 티켓
을 사러 호시우 광장에 가는 길에 마주친 산타주스타 엘리베이터는
낮과 밤이 확연히 다르다. 리스본에는 도시를 한눈에 내려다보기
좋은 전망대가 많이 있지만, 그중에서도 산타주스타는 시내 한복판
에 자리 잡고 있어서 원하면 아무 때나 걸어갈 수 있다는 장점이 있
다. 가끔 줄을 길게 서야 하지만, 그마저도 싫다면 옆 건물로 올라
가는 (공공연히 알려진) 편법을 써도 된다. 지금은 눈길만 휙 던져주
고는 다음에 다시 오기로 한다. 2년 뒤 겨울에 그곳을 다시 찾았다.

호시우 광장에서 1day 티켓을 구입했다. 28번 트램 출발지^{initial} ^{stop}를 찾는데 예상보다 줄이 길다. 28번 트램 여행을 하려는 사람들일까? 상조르제 성은 가까운 곳인 것 같은데? 줄이 길어서 트램은 포기하고, 그냥 걸어가 보기로 한다. 트램이 지나가는 트랙이 있는 골목길을 걷는 기분도 나쁘지 않다. 행여 트램이 지나갈라치면 창가의 사람들에게 손을 흔들거나 사진을 찍고는 괜스레 웃음이 났다.

걸어 올라가는 길이 생각보다 가파른걸. 중간에 보이는 정류장에서 트램을 기다려보기로 마음을 바꿨다. 사람을 가득 태운 트램이 멈추지 않고 그냥 지나가버렸다. 토끼 눈을 뜨고 허공에 대고 '왜?'라는 제스처를 만들어 보였다. 트램을 놓친 그때 눈에 띈 빨간색 캐노피 지붕을 가진 아이스크림 가게는 날 위한 것이었을까? 아침에 먹다 남긴 빵의 크기만 한 아이스크림을 주문하고 열린 문틈으로 들어오는 바람을 느껴보았다.

정오가 지나며 해는 더욱 뜨거워지고 있었다.

나중에 안 사실인데, 가득 찬 트램을 타려고 할 때는 정류장에 가
만히 서 있지만 말고, 손을 내밀어 흔드는 등의 표현을 해주면 좋
다고 한다. 나는 결국 끝까지 걸어 올라가 상조르제 성 입구를 찾았
다. 길을 잃을 뻔했을 때쯤 같은 목적지를 향한 영국인 가족을 만나
그들을 따라갔다. 성으로 들어가려는 사람들이 티켓을 사려고 줄
을 길게 서 있다. 아침부터 부지런하게 움직이지 않은 탓에 하루 종
일 한 박자씩 뒤처지는 느낌이다.

　　초록빛 나뭇잎들은 햇살에 반짝반짝 빛나고 있다. 건조한 여름
바람이 나뭇잎을 흔들어 놓을 때 그 순간을 카메라에 담았다. 티

켓 박스 앞에 있는 작은 타르트 가게에서 와인 한 잔을 하고 가기로 한다.

그 바람에 상조르제 성을 둘러볼 수 있는 제한 시간이 줄어들었지만 참으로 괜찮았다.

> 리스본이야말로 '그냥 아무 장소가 아니라 만남의 장소'
> 이기에.
> "이제 전차가 다니는 도시는 많지 않잖니, 여기서는 그
> 소리를 들을 수 있어."
>
> — 『페소아의 리스본』 페르난도 페소아

여름날의 소리를 품은
상조르제 성

이미 햇살이 나지막이 낮아지고 있는 오후였지만, 여전히 줄은
길었다. 커다란 나무 그늘 아래에 서 있는 동안은 그래도 나았다.
줄이 짧아질수록 사람들은 낮게 뜨겁다는 소리를 냈다. 간간이 불
어오는 바람 소리, 머지않은 간격으로 들려오는 버스킹 음악 소리,
간혹 고양이 발자국 소리까지 더해져 그 순간 가장 완벽한 여름날
의 소리가 만들어지고 있었다.

현재 상조르제 성Castelo de S. Jorge은 리스본 대지진으로 파괴
된 성을 복구한 상태이다. 하늘을 향해 솟아있는 성 안쪽은 마치
공원처럼 꾸며져 있어서 사람들은 여기저기에 앉아 가만히 풍경을
즐긴다. 리스본의 주황색 지붕이 촘촘히 모여있는 풍경을 가장 잘
볼 수 있는 전망 좋은 곳 중 하나로 손꼽히는데, 그건 아무래도 파

란 하늘과 맞닿은 지붕들이 저녁 무렵 붉은빛을 발하기 때문인지
도 모른다. 벤치에 나란히 앉은 커플들은 서로의 얼굴과 하늘과 지
붕을 번갈아가며 바라본다. 그들의 목소리도 여름날의 소리에 함
께 묻히고 있었다.

· 1100-129, Rua de Santa Cruz do Castelo, Lisbon, Central Portugal
· 입장료 : 성인 €10 / 25세 이하 €5

리스본 숙소 이야기

혼자 여행을 했던 그 계절에 나는 외롭고 싶었고, 동시에 외롭고 싶지 않았다. 그런 이유로 가끔은 온 세상 여행자들이 다 모이는 라운지가 있는 숙소를 고르곤 했다. 밤에는 각자의 맥주병을 들고 원하는 자리에 앉아 도란도란 이야기 나눌 수 있는 곳. 누군가는 기타를 치고, 누군가는 그림을 그리고, 둘 셋 짝을 지어 대화를 나누는 편안한 밤. 그러다 어느 누가 "오늘 저기에 파티 있대, 갈 사람?" 하면 스쿠터를 타고 바다로 내달리던 그런 날들. 조금은 불편하더라도 나는, 생기 돋는 그런 열기를 좋아하는 사람이었다.

이제는 조금 변했다. 직장생활을 하고 어른이 되어감에 따라 편안한 잠자리, 조용한 휴식공간을 찾기 시작했던 것 같다. 조금 더 돈을 들이더라도 접근성과 서비스가 더 좋은, 예전에는 생각지 않았던 호텔에서 잠을 자며 안정을 느낀다. 모험을 즐기던 그때와 달리 혼자가 아닌 둘이 하는 여행이기도 하고. 나와 제이는 함께 여행을 하면서 서로에게 편안한 자리를 내어준다. 잠자리가 포근해진 것처럼 서로를 향한 태도 역시 유연해졌다.

에어비앤비

첫 리스본 여행에서 머물렀던 에어비앤비는 온통 그레이 빛이었다. 우울함이 스며든 느낌이 아니라, 말 그대로 인테리어가 온통 회색빛이었다는 뜻이다. 하얀색 콘크리트 벽에 회색빛 가구, 하얀색 침구, 흩날리던 하얀 커튼이 떠오르는 방. 침대 곁에 놓여있던 블루

투스 스피커에서 흘러나오는 음악을 들으며 외출 채비를 하곤 했다. 엘리베이터를 타고 내려오면 가슴까지 보이는 하얀 석고상이 로비 한가운데에서 인사했다. 한쪽 벽면은 회색빛 스테인리스 우편함이 촘촘하게 메꾸고 있었고, 가느다란 빛이 들어오는 창문 틈새로 보이는 바깥은 바로 우리를 가슴 뛰게 만드는 리스본 거리였다. 간혹 건물 밖을 나서자마자 버스킹 하는 사람들의 공연이 펼쳐지곤 했는데, 그런 날은 누가 뭐래도 완벽한 날이 아닐 수 없었다. 아침에 일어나서 문을 열고 나섰는데 라이브 음악이 펼쳐지는 포르투갈의 어느 길목이라니, 글을 쓰면서도 그날을 떠올리는 이 순간 나는 다시 행복해지고 만다.

초록 벽돌집, 호텔 바이샤

두 번째 리스본 여행에서는 3박씩 두 개의 호텔을 경험해보기로 했다. 먼저 선택한 호텔은 초록빛 벽돌 건물을 자랑하는 호텔 바이샤Hotel da Baixa였다. 까만 밤에는 기묘한 푸른빛을 내고 있어 길 잃어버릴 염려는 없었다. 큰길가에 바로 있는 도심 속 호텔이라 번잡하고 시끄러울 것 같지만, 여행 중엔 그 정도 소음은 아량이기도 하고. 간혹 호텔 별점을 찾아보다가 길거리의 소음이 신경 쓰였다는 후기를 찾게 되는데, 그건 비즈니스 여행을 하는 자에게만 거슬리는 일일 거라 여기고 말았다. 방의 크기는 작은 편이었지만, 캐리어만 펼칠 수 있다면 그 또한 문제될 일은 아니었다. 포르투갈 특유

의 좁은 뒷골목을 두고 다른 건물을 바로 마주하고 있던 바람에 대부분 커튼을 닫아두어야 했던, 그런 위치는 살짝 아쉬웠지만. 화장실에 있는 큰 창도 소용없었다. 블라인드가 잘 내려져 있는지 확인하는 절차만 추가되었을 뿐이다. 둘째 날에는 도우미분께서 청소하다가 급한 일이 있으셨는지 세면대에 걸레를 그냥 두고 가셨다. 흠… 잠깐 기분이 상할 뻔했지만, 그 또한 별일이 아니었다. 세면대 아래 치워두면 될 일. 리스본 한가운데, 초록색 외벽이 몽롱한 빛을 내뿜는 그런 호텔방의 폭신한 하얀 침대에 몸을 던지면서 불평이라는 건 말도 안 되는 일.

옛 궁전을 개조한 포우자다

소도시 팔멜라의 포우자다에서 머물렀던 기억이 좋았기에 리스본에서도 포우자다Pousada를 예약하고 한껏 기대에 부풀어 있었다. 옛 성을 개조한 것과 달리, 리스본의 호텔은 왕이 살던 저택을 개조한 것으로 과거 각 정부 부처가 모이는 장소이기도 했다. 외관은 정부 기관의 건물이라 깔끔한 현대식 느낌을 풍기고 있지만, 내부는 유럽의 고풍을 체감할 수 있도록 잘 보존되어 있다. 많은 투숙객을 모으기 위해서인지 보통의 방은 크기가 작아 불편함을 호소하는 사람들이 많이 있다. 실제로 큰 사이즈의 침대가 방안에 꽉 찬 느낌이 들긴 하지만, 길이가 긴 창이 마음에 들었다. 긴 창 앞에는 창밖을 바라보며 와인이라도 마시라는 듯 작은 벤치가 놓여있었는데, 사실 창밖은 기대했던 테주 강변이 아니라 건물 뒷골목이어서 별건 없었다. 그럼에도 맞은편 건물의 촘촘한 창문과 간혹 지나다니는 트램, 별거 아닌 버스까지도 오랫동안 담고 싶은 풍경이었다.

둘째 날 아침, 조식을 먹으며 옆 테이블에 앉은 부부와 대화를 나누었다. 덴마크에서 온 그들은 포르투갈이 너무 아름답지 않냐며 말을 걸어왔다. 이런저런 여행지 이야기는 끊임없이 대화를 이어갈 수 있는 소재라는 게 새삼 좋았다. 그들은 가장 좋았던 여행지로 쿠바를 꼽았고, 우리는 마침 다음 여행지가 쿠바라며 눈을 반짝거렸다.

포우자다를 잊을 수 없는 마지막 이유는 안내데스크에 있던 키

크고 체격 좋은 직원, Corneliu Popa이다. 우리가 도착하자 한국에
서 왔냐며 반색하고 우리를 반겨주었는데, 그는 한국을 여행한 적
있다며 한국 음식에 반했다고 했다. 안내데스크에 앉아 한참을 한
국 음식에 관해 이야기를 나누었다. 마지막 날엔 가져갔던 한국 초

콜릿을 조금 나누어주는 것밖에 내가 할 수 있는 일이 없긴 했지만,
우린 서로의 나라에 다시 방문할 때 꼭 인사를 나누기로 약속하는
것도 잊지 않았다.

정확하게 아름다운

계획에서 틀어지는 변곡점 같은 순간은 여행 중에 줄곧 마주치지만, 기다리는 일은 잘 없는 것 같다. 막상 여행이 시작되면 모든 기다리는 일은 '기다린다'라는 단어와 어울리지 않는 설렘으로 바뀐다. 예컨대 반짝거리는 테주 강 위로 떨어지는 붉은 해 그러니까, 강인지 바다인지 분간이 되지 않는 고요하고 짙푸른 수평선 끝을 붉게 물들이는 노을의 순간을 기다리는 일은 기다리는 일이 아니라 그저 즐거운 일상이 되는 것이다.

포르투갈은 바다를 품은 나라여서 어디서든 바다 냄새를 맡을 수 있지만, 바다로 통하는 가장 큰 길 중의 하나로 코메르시우 광장을 꼽아본다. 테헤이루 두 파수Terreiro do Paço라고도 불리는 이 광장은 포르투갈에서 아니, 유럽에서 가장 큰 광장으로 알려져 있다. 남쪽으로 펼쳐진 테주 강은 경계가 모호한 대서양과 맞닿아 있고, 북쪽으로 난 세 갈래길은 여행자에게 선택의 곤혹(이자 즐거움)을 선사한다.

리스본 파우자다 숙소에서 걸어 나와 길 하나만 건너면 코메르시우 광장이었다. '정확하게 아름답다'는 표현을 쓰고 싶다. 정확한 사각형의 삼면에는 부드럽고도 절제된 카리스마의 기운을 내뿜는 아치형 석조물이 우뚝 서 있다. 광장에 발을 내딛으면, 커다란 무대 위로 올라가는 주인공 같다는 느낌이 든다. 어떠한 공간에 들어갔을 때, 아늑한 구석자리를 차지하는 성격의 내향인이라 할지라

도 아마 여기서는 한가운데로 성큼성큼 걸어 들어가고 말 것이다. 광장 한가운데 말을 타고 있는 주제 1세의 청동상 아래에 엉덩이를 대고 앉아, 두 무릎을 모으고 하염없이 테주 강의 윤슬을 바라보는 일은 한없이 평온한 일이자 행복한 일이 된다. 리스본에 머무는 동안 이 드넓은 광장은 이상하리만치 따스한 안식처가 되어주었다. 햇볕이 내리쬐는 한낮에도, 남색으로 점점 어두워지는 저녁 무렵에도, 파두 공연을 감상하고 돌아왔던 깜깜한 한밤에도, 단단하고 따스하게 여행자를 품어주었다. 잔잔하게 굽이쳐오는 파도소리는 아름다운 소음이었다.

파두 공연의 온도차

"여기로 들어와! 리스본 최고의 파두하우스라고!"

저녁 어스름 무렵이면 흔히 볼 수 있는 호객행위다. 한 손에 맥주를 들고 벽에 기대어 서 있는 그녀는 히피룩이 꽤 잘 어울렸다. 너무나 매력적이어서 그만 이끌려 들어갈 뻔했지만, 거절해야 했다. 오늘 밤은 특별한 파두하우스를 예약해두었기 때문이다.

"미안하지만 이미 다른 곳에 예약을 했어요!"

지난 포르투갈 여행에서 일반 레스토랑 파두를 경험했기에, 이번에는 꽤 유명해서 방송까지 탔던 오파이아O Faia를 방문하기로 했다. 무조건 예약해야 하고, 1인당 50유로 이상의 식사를 주문해야 한다는 조건이 있다. 분위기상, 옷을 조금은 더 신경 써서 입어야 할 것 같다.

파두하우스에 들어가면 예약자 명단을 확인한 뒤에 테이블로 안내해준다. (만약 그 자리가 마음에 안 든다면 다른 테이블로 안내해달라고 할 수 있다.) 식사는 저녁 8시 30분쯤 시작했고, 와인을 충분히 음미했을 무렵 첫 공연이 시작되었다.

갑자기 조명이 어두워지고 어디선가 포르투갈 기타 선율이 들려온다. 고요함 속에 떠다니는 음표에 맞춰 움직이는 건 희미한 촛불뿐. 잠시 넋을 놓을 뻔한 그 순간, 파디스타fadista(파두를 부르는 가수)의 목소리가 들리기 시작했다. 맑으면서도 웅장한 목소리를 가

진 여성 파디스타로 시작한 공연은 30분이 넘도록 이어졌다. 밤 10시쯤 되어서야 남성 파디스타가 다음 곡을 이어갔다. 공연 무대가 따로 마련되어 있지는 않고, 테이블 사이의 공간에 자리 잡고 서서 노래를 한다. 마이크도 사용하지 않지만, 그들의 목소리는 공간을 충분히 울린다. 12현으로 이루어진 포르투갈 전통 기타의 연주는 살포시 스며들었다가, 튕겨져 나왔다가, 사람들의 마음속에 들어온다.

가수가 바뀔 때 잠깐 휴대폰을 만지작거렸을 뿐인데, 직원이 다가와서 "No photo!"라고 지적했다. 사진을 찍지 말라고 한 지시문이 있는 걸 미리 봤기 때문에 사진을 찍으려는 생각은 전혀 없었는데도 괜히 무안해졌다. 공연을 조용히 감상해야 하는 건 누구나 아는 상식이지만, 특히 파두는 그렇게 감상하는 거라고 한다. 노래 부르는 이 외에는 모두 침묵을 지켜야 하며, 조명은 어두움에 가까울

만큼 희미해야 한다. 파두 공연장이 그냥 펍인지, 레스토랑인지, 파두하우스인지 등에 따라 그 엄격함의 등급도 달라진다.

와인 따르는 소리를 내기조차 조심스러운 이 분위기가 점점 답답해지기 시작했다. 솔직히 고백하는데, 할아버지 파디스타의 파두

공연이 무르익을 때쯤 갑자기 잠이 쏟아질 것만 같은 무료함을 느꼈다. 추위에 떨며 많이 걸었던 하루의 끝이기 때문이었을까. 노랫소리는 점점 귓가에서 멀어져 가는 듯했다.

'이게 아닌데…. 내가 경험한 첫 파두 공연은 말로 표현할 수 없는 전율을 선물했었는데….'

첫 파두 레스토랑에서는 두 명씩 온 여행자들에게 4인 테이블을 공유하길 권하면서 빈자리가 없게끔 공간을 꽉 채웠다. 일하는 직원은 느렸고, (포르투갈 식당은 느린 편이다.) 사람이 많아 주문이 밀렸다. 고급 레스토랑이 아니었기에 로컬 음식 위주로 파는 것 같았는데, 심지어 영어 메뉴가 없어서 심혈을 기울여 골라야 했다. 와인을 마시면서 프랑스에서 왔다는 옆자리에 앉은 두 여행자들과 간단한 일상 대화를 나누고 있을 때였다. 갑자기 사방이 어두워졌다. 예상치 못한 순간에 불이 꺼졌고, 어둠 속에서도 분주하게 움직이던 직원은 테이블 위에 음식을 올려놓았다. "오브리가다(감사합니다)."라고 말한 그 순간 어디선가 노래가 들려오기 시작했다. 예상치 못한 상황이었다.

목청 좋은 한 파디스타가 노래를 부르기 시작했는데, 그때의 강렬한 전율을 잊지 못한다. 여자와 남자가 주고받듯 노래를 하며, 레스토랑 그 좁은 테이블 사이를 조금씩 이동하기까지 한다. 사각지대에 있는 손님을 위한 배려였을까. 둘의 고혹적인 목소리에 빠져들 때쯤 저쪽 코너에서 다른 가수 한 명이 합류한다. 그렇게 또 한

명이 더 합류했고…. 자유롭게 노래하는 파디스트의 향연에 여행자들은 카메라를 꺼냈지만, 아무도 플래시를 터뜨리지 않았고, 아무도 제지하는 사람도 없었다. 어차피 어두워서 사진이 찍히지 않는다는 걸 깨달은 사람들은 그들의 표정과 연주와 목소리에만 집중했다. 밥이 나왔지만 배고픔도 잊은 채였다. 그 작은 로컬 레스토랑에서의 파두 가수들은 식당의 여행자들과 소통하며 노래하고 있었다. 밝은 노래는 몸짓으로, 슬픈 선율은 눈빛으로, 허공에 만들어낸 그들의 손짓과 조심스러운 발걸음으로. 눈을 마주치며, 미소 지으며, 그렇게 마음을 울리며.

이런 자유로운 형식의 오픈 공연이 첫 파두 감상이었다 보니, 조금 격식을 차린 파두하우스에서 나는 조금 실망할 수밖에 없었던 것 같다. 리스본에는 파두학교가 있어서 전문적으로 훈련을 받은

파디스트와 그렇지 않은 파디스트로 나뉜다고 한다. 골목길에서 들려오는 파두만으로도 발걸음을 멈출 만큼 충분히 감격스럽지만, 그건 어디까지나 여행자의 입장일 테니, 다음에는 파두가 시작되었다는 알파마 지구의 어느 파두하우스를 다시 경험해보고 싶다.

숙소로 돌아오는 길에 숙소 근처, 코메르시우 광장의 밤바다를 조금 걸었다. 바람은 바다에 가만히 스며드는 것 같더니, 이내 서로를 삼킬 듯 몸부림치고 있었다. 그렇게 하얀 파도로 부서지고 말았다. 바위에 부딪히며 철썩철썩 소리를 내는 바다는, 바람과 함께 다른 소리도 데리고 왔다. 그리움이다. 포르투갈 사람들은 그리움을 노래한다. 구불구불 좁은 골목에서 시작된 노래는 세상 끝까지 닿을 것처럼 울려 퍼지고 있었다.

*파두에는 우리말로 표현하기 어려운 사우다드Saudade(사우다지로 발음하기도 한다)가 서려 있다. 흔히 우리나라의 한(恨)과 비슷하다고 말하곤 하는데 나는 조금 다르게 받아들였다. 원망이나 억울함, 안타까워 응어리진 마음과는 다르다. 향수, 그리움, 열정, 운명, 질투와 슬픔, 좌절과 용기가 어린 그들의 삶이자 정서이다. 그렇다고 한없이 우울해하거나 슬퍼할 이유도 없다. 삶의 질감이 드러나는 목소리로 부르는 것이 파두라는 것일 뿐, 일상생활에서는 '오랜만이야. 보고 싶었어.' 정도의 의미로도 가볍게 사용할 수도 있다고 하니까.

알파마지구에서의 사치

읽다가 멈춘 책 『리스본행 야간열차』를 완독하려는 목적으로 독서모임에 참여했다. 적당히 강제성을 부여하며 두꺼운 책을 읽는다는 건 -좋아하는 책임에도 불구하고- 조금 이상한 일인지도 모르지만, 그렇게 사람들과 같은 책을 읽을 때면 함께 나눌 수 있는 것들이 많아서 좋았다. 좋아하는 책을 읽으면 생각을 나누고 싶어진다. 좋아하는 글귀를 읽어주고 싶어진다. 장 그르니에는 책 『섬』에서 '우리가 어떤 존재들을 사랑하게 될 때면 그에 대해서 하고 싶은 말이 너무 많아지기 마련'이라고 했다.

첫 장부터 『리스본행 야간열차』와 사랑에 빠졌고, 그 이상으로 포르투갈과 사랑에 빠졌다. 여행기라기보다는 어떤 여정을 통한 언어와 책과 사랑, 그리고 내면의 목소리에 대한 이야기를 전하고 있

지만, 읽는 내내 배경을 상상할 수밖에 없었다. (나는 언어에 푹 빠져 있기도 하다.) 그레고리우스가 체스판처럼 생긴 바이샤의 중간에 있는 아우구스타 거리를 지나 호시우 광장으로 갈 때 함께 걸었고, 벨렘으로 가는 전철 안에서 도시가 흐르는 시간을 생각하고 있을 때 역시 나는 왜 이 도시와 사랑에 빠졌는지에 대해 골똘히 생각하곤 하였다. 내가 외국의 어느 도시에서 삶을 시작한다면 포르투라고 언급했지만, 마음이 기우는 도시는 리스본이었다. 리스본의 낮과

밤을 걷고 또 걸어도 털어낼 수 없는 여운이 남아있다.

알파마지구Alfama district는 여행자들이 가장 사랑하는 장소 중 하나이다. 28번 트램 여행을 하기에도 좋지만, 한 번쯤은 오르막 내리막 골목길을 거닐며 그 구역의 분위기를 느껴보자. 언덕으로 이루어진 도시답게 곳곳에 전망대가 많이 있는데, 흔히 우리가 말하는 뷰 포인트라는 말 대신 포르투갈어인 미라도루miradouro에 익숙해지면 좋겠다. 어느 미라도루에서든 넋을 놓고 리스본의 전경을 바라볼 수 있으니 어디가 더 좋은지 잴 필요가 없다. 붉은색 지붕으로 몸이 너무 기울지 않도록 조심해야겠지만. 그중에서도 리스본 대성당 근처에 있는 산타루치아 전망대Miradouro de Santa Luzia와 포르타 두 솔 전망대Miradouro das Portas do Sol가 기억에 남아있는데, 그건 아무래도 꽃과 바람과 음악 때문일 것이다. 바람에 실려 온 바다 내음과 꽃향기가 코끝을 스칠 때 들려오는 기타연주는 갑자기 나를 가장 행복한 사람으로 만들어놓곤 했다.

리스본에서,
어느 하루의 취향

바다가 가까이 있다는 사실만으로도 가슴 설레는 아침이었다. 바스락거리는 하얀 이불에서 하얀 파도의 냄새가 나는 것만 같았다. 두 번째 리스본 여행으로 가슴은 벅찬데, 바스락거리는 소리를 파도 소리로 착각한 탓에 어김없이 늦장을 부리고 말았다.

공기는 차가웠지만, 무언가를 호소하는 듯 쏴아 하고 쏟아지는 햇살을 받아들이는 아침. 리스본의 울퉁불퉁한 돌바닥이 따스한 빛을 내뿜기라도 하는 듯하다. 3일간 머무는 이번 호텔에서는 조식 신청을 하지 않았다. 리스본에는 여행자들의 취향을 담은 작은 브런치 가게가 많다는데, 호텔 조식을 먹은 날은 매번 그런 가게를 지나칠 수밖에 없었기 때문이다. 유럽 감성 물씬 풍기는 과일과 야채, 한 잔 마시면 생기가 돌고, 한 입 베어 물면 에너지가 솟아날 것 같은 그런, 건강에 좋고 신선한데 예쁘기까지 한 식탁 앞에 앉아보고 싶었다.

Frutaria

· R. dos Fanqueiros 269, 1100-232 Lisboa, Portugal
· 9AM - 6PM

이 작은 가게는 이름마저 싱그럽다. 하루쯤은 로컬 음식이 아니었으면 하고 생각할 때, 베지테리언이라면 더더욱, 여행자에게 소소한 기쁨을 안겨주는 'Frutaria'로 가자. 아무리 타파스 느낌을 겨

냥한 한 끼 식사라지만 그날따라 양껏 욕심을 부렸다. 평소엔 많이
먹지도 못하면서 1인 1주스도 모자라 커피까지 주문하고는, 1인 2메
뉴씩 클리어하다니. 그럼에도 너무 배부른 느낌보다는 오히려 가벼
워진 느낌이 들었다고 하면 왜곡된 기억일까?

아침식사를 하고 나오며 맞는 차가운 바람과 대조적인 햇살에 다
시 한 번 정신을 못 차린다. 7일짜리 리스보아 카드Lisboa Card – 트
램과 버스를 탈 수 있는 교통카드– 를 사려면 호시우 광장 근처에
있는 Tourist shop으로 가면 되는데, 발걸음은 그 반대인 코메르시
우 광장Praça do Comércio 쪽으로 향하고 있었다. '앗' 하고 정신 차
렸을 때는 이미 광장 게이트 가까이 다다랐을 때였다. 그때 발견한
어떤 이의 거리 퍼포먼스란!

인디언의 이끌림에 여기까지 왔다면, 그 덕분에 한 번 더 웃었으
니 눈인사만 하고 얼른 되돌아간다. 벨렘지구에 가려는데 벌써 정

오에 가까워진 시계를 보고는 발걸음도 빨라졌다. 그런데 이상하지, 넋 놓고 −다시 한 번 햇살 탓을 해본다− 의식의 흐름을 따라간 나는, 호시우 광장 앞의 카드 파는 곳을 두고는 '호시우 지하철역(지하계단)'으로 들어가 버렸다. 그리고는 또 지하철역 반대 입구로 나와 버렸는데…. 글쎄, 발걸음이 나를 이끈 곳은 'Mercado da Baixa'라는 이름으로 매일 열리고 있는 오픈 마켓이었다.

'와아−'

갈 길을 (또) 잊은 나는 무언가에 이끌리듯 마켓으로 걸어 들어갔다. 마치 원래 일정에 있었다는 듯이, 눈 동그랗게 뜨고 두리번거리는 건 조금 참고 자연스럽게 마켓을 둘러보기 시작했다. 나는 여행지에서 만난 마켓에 탐닉한다.

무려 1855년부터 이어져 오고 있다는 바이샤 마켓은 포르투갈 전통음식으로 가득한 전통시장이었다. 푸드코트와 비슷한데, 선통음식이나 간식거리를 팔기도 하고, 그 앞에서 직접 요리를 하기도 한다. 아무렇게나 매달려있는 치즈 덩어리들이 멋있어 보이고, 포르투갈 전통 훈제소시지(링구이사Linguiça)를 종류별로 담고 있는 쇼케이스는 통째로 가져가고 싶고, 와인과 맥주는 저렴하게 한 잔씩도 팔고 있으니 그냥 지나치기 힘든데…. 어쩌지, 트램 타고 벨렘지구 가야 하는데! 그래서 찾은 합의점은 야무진 과일 조각이 담긴 상그리아 한 잔이었다. 슈퍼복 맥주 한 병을 3유로 이내로 살 수 있다는 걸 생각하면 5유로짜리 작은 한 컵 상그리아는 비싼 듯했지만, 괜찮다. 이건 포르투갈 바이샤 마켓에서만 우연히 맛볼 수 있는 무려, White Port Sangria니까.

이제 진짜 벨렘지구로 가자.

트램과 버스, 일부 관광지 입장료까지 커버되는 옵션으로 리스보아 카드를 구입했다. 버스는 어디서 타더라? 검색을 하면 되는데, 길치의 특성을 못 버리고 나는 굳이 이미 알고 있는 버스 정류장까지 걸어갔다. 인디언이 있던 코메르시우 광장 근처다. 호기롭게 버스에 오르고, 삐익- 카드를 대고, 자리에 앉았는데, '앗!' 버스는 내가 아침식사 한 곳을 거쳐 상그리아를 샀던 오픈 마켓으로 나를 데려가네? 심지어 거기가 종점이란다. 서울에서도 종종 반대 방향 지하철을 타곤 했던 나를 누가 탓할 수 있을까.

종점에서 다시 버스를 기다렸다. 버스의 맨 뒤 창가 자리에 앉아 열아홉 정거장쯤 달렸던 것 같다. 창가로 쏟아져 내리는 햇살

을 온몸으로 받으며. 오늘 하루 햇살이 내게 저지른 장난에 대하여 생각하며.

제로니무스 수도원에서 내렸는데, 한국인 남자 세 명이 눈앞에서 지나갔다. 분명히 아까 캐리어를 끌고 숙소로 가던 그 한국인이 맞는데, 나보다 먼저 도착해서 먼저 여행을 즐기고 있었다니!

나의 오늘 하루의 취향은 햇살 따라 걷는 길로 하자. 벨렘지구에서는 또 어떻게 길을 잃어볼까.

노란 전차와 비카 푸니쿨라

사진, 영수증, 흘려 쓴 수첩의 기록을 통해 여행을 기억하고 하루하루를 상기시켜보는 날이 있다. 햇살이 거실 깊숙이 들어오는 겨울의 한낮이 그렇고, 후드득 빗소리가 듣기 좋아 쉽게 잠들지 못하는 밤이 그렇다. 서재에 꽂힌 파일과 수첩 무더기를 꺼내 여행을 추억하다 보면 단순한 행복감이 밀려온다.

리스본을 추억하며 빼놓을 수 없는 건 바로 노란색 트램 그리고, 바로 비카 푸니쿨라이다. 작고 예쁜 장난감 전차에 올라타는 기분이 드는데, 마치 순수한 어린아이처럼 탈것을 즐겨도 된다고 허용받은 기분이랄까. 처음 리스본에 왔을 땐 비카 찾기가 쉽지 않았다. 널리 쓰이는 이름을 세 개나 가지고 있어서. 가장 많이 불리는 건 비카 푸니쿨라The Bica Funicular이지만, The Elevador da Bica와 The Ascensor da Bica로 불리기도 하니 참고하자. 얕은 언덕 오르막길에 깔린 기찻길을 걷다가 다른 여행자와 눈이 마주치면 환하게 웃어주자. 그들이 노란 전차를 떠올릴 때 어느 이방인도 함께 어렴풋이 기억될 수 있도록. 사적이고 시적인 순간을 함께 할 수 있도록.

비카 푸니쿨라가 다니지 않는 시간엔 레일을 따라 오르락내리락 걷는 시간을 내어보는 것도 좋겠다. 그리 길지 않은 길 양옆으로는

가정집도 있고, 기념품 가게도 있고, 작은 레스토랑도 있다. 내리막
길 끝자락에 있는 작은 카페에 들렀다. 이 카페는 무려 비카 푸니쿨
라 뷰를 가지고 있다. 세상에서 가장 귀여운 일 중 하나가 아닐까?
살짝 기울어진 경사면의 돌바닥에서 조금 불편하게 의자를 기울이
고 앉아서 노란색 푸니쿨라가 지나가길 기다렸다가 사진을 찍을 약
3초의 기회를 얻는 일. 뒤꽁무니를 바라보며 미소 짓는 일. 비카 푸
니쿨라가 지나가는 소리를 마치 음악소리처럼 여기는 일. 맥주를

한 모금 마시고, 다시 푸니쿨라를 기다리는 일. 마침 해 질 녘 하늘이 분홍색으로 물드는 걸 바라보는 일. 리스본이라는 도시 한 편에서 흐르는 시간을 견디는 일. 맥주에서는 갓 구운 아몬드 향이 났다.

포르투갈의 벨렘지구,
에그 타르트가 진리!

리스본에 가보지 못한 사람이라도 포르투갈의 에그 타르트가 최고라는 말, 그중에서도 리스본의 벨렘지구에서 파는 에그 타르트가 진짜라는 말은 한 번쯤 들어봤을 것이다. 너무 많이 들어서 오히려 '가고 싶지 않은' 장소가 되어버렸을지 모른다. '거기가 맛있으면 얼마나 맛있다고 다들 그러지? 게다가 난 에그 타르트를 별로 좋아하지도 않아.'라는 생각이 든 건 나뿐이었을까? 밉다, 하여간.

결국 첫 포르투갈 여행에서 나는 굳이 그 맛있다는 에그 타르트를 먹으러 가지 않았다. 두 번째 포르투갈 여행에서는 마음을 고쳐먹었다. 포르투갈의 그 어느 도시, 어느 카페에서나 파는 에그 타르트도 맛이 이렇게 좋은데, 그럼 대체 그곳의 나타(에그 타르트)는 얼마나 맛이 좋다는 건지 궁금증이 생기기 시작했기 때문에. 포르투갈 여행을 했다고 하면 으레 받는 질문인 "그럼 그거 먹어봤어요?"

에 더 이상 "아니오, 왜냐하면 저는 그걸 별로 좋아하지 않고 또 어쩌고저쩌고….' 하면 돌아오는 대답인 "에이, 거긴 진짜 다른데…." 라는 말을 듣는 데 조금 지쳐가고 있었기 때문에.

사실 이 글은 이렇게 무미건조하게 시작하면 안되는 거였다. 벨렘지구의 그 맛있다는 에그 타르트를 먹고 나는 조금 더 말랑말랑한 사람이 되었다. 어쩌면 기대치 0에서 시작한 거라, 결과치 10을 낸 걸지도 모른다. 기대하고 본 영화가 실망스럽고, 기대하지 않았던 영화가 꽤 재미있었던 경험을 누구나 해보지 않았나. 그러나 이런 거 저런 거 따질 이유가 없다. 정. 말. 맛있었다.

아스락 부서지는 페이스트리는 살짝 탄내가 나는 듯하면서도 버터 향을 풍기고 있었는데, 그 고소함을 한 입 베어 물면 구름만큼 부드럽고 아인슈페너 위에 올려진 크림만큼 달콤한 커스터드^{custard} 향이 확 풍긴다. 입 안에 가득 찬다. "으음~!" 하는 감탄의 신음과 함께 누굴 보라고 하는 건지도 모르겠지만, 일단 엄지를 척 올린다. 그러니까 이 에그 타르트는 겉은 바삭하고 속은 촉촉하다는 그 표

현의 종결자였다. 취향에 맞게 시나몬가루나 파우더 슈거를 소르
륵 뿌려서 에스프레소 한 잔과 함께 먹으면 갑자기 행복해진다. 뱃
속이 따스해지고, 은은한 미소가 피어오른다.

"내가 이걸 여태 왜 안 먹었지?"

　포르투갈의 디저트 산업은 아랍이 설탕을 소개한 시기에 발전하
기 시작했다. 중세를 거쳐 가며 수도원의 수녀와 수도승이 만들기
시작하였는데, 그 수도원이 바로 제로니무스 수도원이다. 수도승의
옷을 빳빳하게 만드는 데 달걀흰자를 사용하다 보니 남은 달걀노른
자는 디저트 만드는 데 사용하게 되었고, 그때 발명한 레시피가 아
직까지 이어져 오고 있는 것이다. 지금도 이 가게에서는 주방 레시
피가 바깥으로 새어 나가지 않도록 보안을 철저히 하고 있다고 하
는데…. 과연 미묘하게 특별한 이 맛은 몇백 년 전통을 이어온 맛으
로 충분하다. 역사를 맛보는 기분이 든다.
　밤낮으로 가게 바깥에는 길게 줄이 늘어 서 있지만, 쉽게 포기
하기엔 이르다. 생각보다 줄이 빨리 줄어들기도 하고, 안쪽으로는
실내에서 먹는 사람들을 위한 줄이 따로 있다. 사람들은 그 자리
에 서서 먹고 가기도 하는데, 나도 그랬다. 테이블이 없으면 복작
복작한 사람들 사이에 서서 갓 나온 따뜻함을 그대로 느끼며 먹어
도 좋다. 글을 쓰는 지금도 그때의 그 분위기가 떠올라 괜히 기분
이 좋아진다.

자, 이제 포르투갈에 가면 리스본의 에그 타르트를 먹어보자. 벨렘지구의 'Pastéis de Belém'의 1.1유로짜리 기본 나타부터 여러 가지 맛을 낸 나타의 향연을 즐겨보자. 이 맛을 보지 않는 것은 어쩌면 수도원 역사를 향해 '죄'를 짓는 것일지도 모른다. 저항할 수 없는 달콤함에 빠지지 않을 이유는 없지 않을까!

*포르투갈에서는 에그 타르트를 나타^Nata라고 부른다. 정식 명칭은 파스텔드 나타^Pastel de Nata이다. 나타는 크림^cream을 뜻하고, 파스텔은 페이스트리 pastry를 뜻한다. 지금은 우리나라에도 포르투갈식 나타를 파는 '파스텔드나타' 디저트 카페들이 제법 생겼다.

제로니무스 수도원,
대항해의 선물

지금 막 발생한 듯 가냘픈 바다 냄새가 바람에 실려 테주
강 위를 맴돌다가 해변가 거리 사이로 지저분하게 흩어
졌다. 미지근한 바다의 차가운 무기력 안에서 풍기는 싱
싱한 역겨움. 위장의 움직임에서 생명이 느껴졌고, 후각
은 눈 뒤쪽으로 옮겨간 듯했다.

　　　　　　　　　　　　　　 —『불안의 책』 페르난도 페소아

포르투갈은 1년 중 260일 해가 난다. 대서양을 머금은 테주 강을
끼고 있어 한겨울에는 찬 바람이 불어도, 해가 나기 시작하면 따스
함이 가득하다. 밤이 맑은 이유다.

　세상 태양 빛이 다 모아진 것처럼 빛을 뿜고 있는 건축물이 테주
강을 마주하고 서 있다. 그냥 건축물이라고 부르기에는 지나치게
아름다워서 '제로니무스'라는 고유명사로 말할 수밖에 없다.

　리스본 대지진(1755)을 알고 있는지?

　그 당시 5분간 이어진 강진과 리스본을 덮친 해일에 리스본은
85% 이상을 잃었다. 지진으로 인해 불이 난 곳곳은 며칠 동안 꺼질
줄 몰라 아비규환이었고, 사망자보다 생존자를 세는 게 더 쉬운 편
이었다. 종교적 싸움을 하고 있던 각 나라의 성자들도 그때만큼은
리스본을 위해 울부짖으며 기도를 해주었다고 한다. 이웃 나라의
학자들은 세상의 종말을 보았다고 기록했다.

　그때 꿋꿋하게 살아남은 것이 바로 제로니무스 수도원Mosteiro
dos Jerónimos이다. 해일로 인해 테주 강의 강물이 괴물처럼 덮쳤지

만, 극히 일부만 파손되었다고 한다. 지금은 물론 복원되었고, 유럽 고딕양식을 나타낸 건축물로 굳건히 자리 잡고 있다. 1983년에는 유네스코 세계문화유산으로 지정되었다.

리스보아 카드를 사는 여정에서 주춤했던 탓에, 해가 머리 위에 떠 있을 즈음에야 수도원에 도착했다. 한겨울이라 믿기 힘든 따스한 햇살에 하늘이 눈부시게 환하다.

제로니무스 수도원 앞에 서서 수도원을 가만히 올려다보았다. 견고하고 웅장한 기운이 전해졌다. 입장하기 전에 먼저 건물 주위를 천천히 걸었다. 마주치는 사람들은 햇살과 그늘에 반반 걸쳐 앉아 담소를 나눈다. 평화롭다.

혹여 역사나 건축 기행이 그리 달갑지 않은 사람이라도 이곳은

그냥 지나치기 아쉽다. 수도원 안으로 들어가려는 사람들로 길게 줄 서 있는 모습을 늘 볼 수 있는데, 이때 잊지 말자. 리스보아 카드를 가지고 있다면, 조금 더 짧은 줄에 서서 조금 더 빠르게 입장이 가능하다는 사실.

500년 세월이 고스란히 묻어나는 건물 내부는 또 얼마나 매혹적인 아름다움을 풍기고 있을까?

제로니무스 수도원은 인도양 항로를 개척한 바스코 다 가마 Vasco da Gama의 무덤이 있는 곳이다. 우리에게 잘 알려진 포르투갈이 낳은 시인, 페소아가 잠들어있는 곳이기도 하다.

바스코 다 가마가 포르투갈에서 아프리카(남아프리카공화국)의 희망봉을 거쳐 인도로의 항로를 최초로 개척했을 당시에는 이슬람 상인들이 인도와의 무역을 독점하고 있을 때였다. 향신료란 향신료는 구경도 할 수 없던 포르투갈은 직접 항로 개척에 성공한 것이다. 그 당시 바스코 다 가마가 인도에 다녀오는 데 걸린 시간은 무려 2년이라고 한다.

포르투갈의 왕 마누엘 1세는 그에게 상을 내리지 않을 수 없었다. 원래 포르투갈 왕실의 묘비로 사용하려 했던 것을, 그를 기념하기 위한 목적으로 세우게 된다. 제로니무스 수도원은 현존하는 최고의 마누엘 양식 건축물로 손꼽힌다.

새하얀 석회암으로 지어진 이 건축물의 세련된 조각은 세밀함이 이루 말할 수 없어, 돌조각인지 손으로 뜬 레이스인지 구별하기 힘든 아름다움을 자랑한다. 회랑과 성당, 박물관 등으로 이루어져 있는 내부는 해가 뜨고 질 때 들어오는 빛의 양에 따라 하얀 벽이 반짝거리다 쉬이 고요해지곤 했다.

고백하건대 나는 여행 중에 만나는 건축물에 큰 의미를 두고 파고들려고 하지 않았다. 어쩌면 부끄러운 고백이지만, 미술과 건축을 마주할 때 그 아름다움 자체에만 감탄하고, 얕은 지식을 그 아름다움에 살짝 묻혀 지난한 역사를 이해하는 척했던 것이다. 하지만 여행기를 쓰는 과정에서 나는 서양건축사와 서양미술사 같은 책을 구입하고 읽어 보았다. 여행 작가의 눈으로 바라보는 그 나라의 역사를 제대로 이해하고 쓰는 글과 아닌 글은 차이가 있을 거란 생각에서다.

대항해의 역사에 점을 찍은 모험가들이 잠들어있는 이곳, 포르투갈어로 하는 기도소리가 조근조근 들리는 신성하고 고결한 제로니무스에서 나는 이름 없는 외국인 여행객으로 돌아다니고 있었다. 페소아의 말처럼.

· www.mosteirojeronimos.pt
· +351 213620034
· 10:00-18:00 (월요일 휴관)
· Adult : €10 / Senior : €5 / 12세 이하 어린이 무료

벨렝 탑 노을 산책

바다는 아름답다. 큰 슬픔에 잠긴 어느 선원의 아내가 이
별의 손짓을 하며 선창가를 따라 서투른 걸음으로 배를
쫓아 달린다.

― 『여행일기』 알베르 까뮈

제로니무스 수도원에 바스코 다 가마의 무덤이 있지만, 정작 그
의 업적을 기리는 건축물은 바로 벨렝탑Belem Tower이다. 테주 강
의 귀부인이라 불리기도 하는 벨렝탑은 이름만큼 외관이 유려하다.
요새가 되었다가, 탐험가들의 기지이기도 했다가, 스페인이 지배하
던 시절에는 감옥이기도 했다.

제로니무스 수도원에서 벨렝탑까지 걸어오는 길이 꽤 오래 걸려

서 (발견 기념비와 분수대, 테주 강바람에 혹해서 중간중간 멈춰 설 수밖에 없기 때문에) 결국 벨렝탑 내부에는 들어가보지 못했다. 겨울에는 입장 시간 마감이 5시 30분으로 이른 편이라는 걸 인지하지 못한 채 느리게 걸었던 탓이다.

건물 안쪽에서는 정사각형 모양의 작은 창을 통해 저 멀리 테주 강의 풍경을 볼 수 있다는데, 그 작은 창은 떠나는 이를 배웅하고, 돌아오는 이를 기다리는 통로이기도 했다. 네모난 창을 통해 네모난 바다와 네모난 하늘을 바라보고 싶었지만, 아쉬움도 잠시. 파란 하늘이 점점 짙어져 나지막이 주홍빛 노을이 겹쳐지고 있을 때, 어디선가 라이브 음악 선율이 들려왔을 때, 하얀 탑의 겉면이 점점 물

들어갈 때, 저녁 어스름이 지는 이 순간이 아니면 마주할 수 없는
풍경을 선물로 받았다.

· http://www.torrebelem.pt/

· Avenida Brasília – Belém, Lisbon 1400-038 Portugal

· 10월~4월 10:00~17:30 / 5월~9월 10:00~18:30

· Adult : €6

디지털 노마드의 천국

: 리스본 LX Factory

노란색 오버핏 코트를 꺼내 입었다. 오늘은 리스본에서 개성 강한 멋쟁이들이 모인다는 엘엑스 팩토리LX Factory에 가는 날이니까. 선명한 색이 주는 청량한 기분을 끌어올리고 싶었다. 여행지에서도 '특별한 외출'은 존재한다. 어쩌면 여행은, 특별한 점들을 이어주는 평범한 일상이라는 직선의 연속인지도 모르겠다.

바람이 조금 불고 있지만 언제나처럼 리스본의 햇살은 따스했다. 15E번 트램에 올라탔는데, 사람이 많다. 우리가 좋아하는 28번 트램은 아니지만, 리스본의 현대를 느낄 수 있는 전동차 트램이라 또 다른 재미를 준다. 맨 뒷자리에 앉아 두리번거리는 일만으로도 설렌다. 왜일까. 왜 이토록 여행지에서는 아무것도 아닌 것들이 '무언가'가 되는 걸까.

LX Factory는 19세기의 공장단지를 쇼핑과 문화의 공간으로 재탄생시킨 곳이다. 여행자인 우리는 나라마다 비슷하게 탄생한 복합문화공간을 알고 있을 것이다. 그런데 리스본의 엘엑스 팩토리는 왜 더욱 주목받고 있을까. 뜨내기 여행자뿐 아니라 디지털 노마드가 성지로 삼는 이곳의 중심에는 도시재생이라는 전략이 숨어있었다.

우리나라 역시 신도시의 발전 속도를 따라가지 못해 침체된 구도시가 새롭게 주목받기 시작했다. 대표적인 예로 성수동을 들 수 있는데, 특히 젊은이들과 지역주민이 함께 문화예술을 활용하며 이야기를 구축해가는 게 포인트다. 유럽도 마찬가지. 심지어 유럽은 산업화가 빨랐던 만큼 도시재생산업 역시 훨씬 빠르게 시작했다.

경험을 중시하는 젊은이들이 모여드는 클러스터링Clustering 효과
를 노렸달까.

엘엑스 팩토리의 특별한 점은, 여행객들이 하루 이틀 만에 보는
축제의 공간이 다가 아니라는 것이다. 개인 창작자와 소상공인들
이 마음껏 꿈을 펼칠 수 있도록 저렴한 임대료로 업무공간을 빌려
준다. 코워킹 스페이스에서 예술가들이 꿈을 펼친다. 햇살 드는 정
원이나 카페에서 몇 시간씩 작업을 하기에도 더없이 좋다. 영감이
마구 떠오를 수밖에 없는 환경이다. 미래를 그리는 곳이다. 엘엑스
팩토리의 설립자는 애초에 '터무니없는 생각들을 수용하는 공간'이
라는 표현을 하기도 했다.

레르 데바가르 Ler Devagar

한때 가장 큰 인쇄소였던 공간을 개조한 서점인 레르 데바가르는 엘엑스 팩토리에서도 단연 주목받는 장소이다. 지금 이 글을 읽고 있는 사람이라면 서점이 주는 색다른 종류의 설렘을 벌써부터 느끼고 있을지 모른다. 어떤 장면이 펼쳐질지 쿵쾅거리는 마음을 쓰다듬으며 눈이 반짝반짝 빛나고 있을지도.

문을 열고 들어서면 거대한 서가의 규모에 일단 놀라고 만다. 괜히 마음이 조급해진다. 많은 책을 둘러보고 싶다는 생각이 든다. 페소아의 얼굴이 다양하게 그려진 표지, 귀여운 일러스트로 장식한 표지, 포르투갈의 미술, 역사, 가벼운 에세이까지. 일단 책을 집어 들고 '이 책을 사야겠다.' 마음먹기 전까지 나는 마치 데이트를 앞둔 소녀처럼 두근거린다. 나의 이 감정과 반하여 서점 이름은 천천히 읽자는 뜻을 가지고 있다.

여기서 시간이 빨리 흐르는 또 다른 이유 몇 가지가 더 있다. 이 공간이 인쇄소였을 당시 사용하던 윤전기가 그대로 남아있다는 사실, 그 형태는 잠깐 발걸음을 멈추고 기웃거리기에 충분히 매력적이다. 그뿐일까. 그 시절을 함께 했던, 이제는 백발의 노인 한 분이 여행자들에게 이것저것 설명을 해주신다. 알고 보니 서점을 특별하게 만들어주는 조형물인 스카프 휘날리며 자전거를 타고 있는 어린 왕자 역시 이분께서 만드셨단다.

🔳 도서관 공식 사이트
----

https://lerdevagar.com/

빈티지 소품, 디자인이 예쁜 수공예품, 오래된 LP 음반과 포르투갈을 상징하는 다양한 기념품을 만나볼 수 있다. 예술적 취향을 입은 독특한 인테리어와 뉴트로 감성을 입은 스트릿 아트의 매력에 빠져 꼬박 하루를 보내고야 말 것이다. 그리고도 다시 찾을 수밖에 없는 이유는, 미처 가지 못한 카페와 레스토랑이 자꾸 생각나기 때문이겠지.

꼭 가볼 만한 루프탑 바가 숨어있다. 어두침침한 골목의 엘리베이터를 타고 올라가야 나오는 공간인데, 입구를 찾기 쉽지만은 않을 테니 인내심을 가지고 도전해보길 바란다. 테주 강에서 바다의 냄새가 불어오는 비밀스러운 공간이다. 바다 냄새가 나는 강바람을 맞으며 내게 마실 것이 주어진 순간이 괜스레 신비롭게 느껴진다. 눈앞에 가까이 있는 듯한 '4월 25일의 다리 Ponte 25 de Abril'를 지나는 자동차들의 불빛이 깜빡깜빡 비추고 있다.

🏵 루프탑 바 Rio Maravilha – Sala de Convívio LXFactory

· R. Rodrigues de Faria 103, 1300-501 Lisboa, Portugal
· +351 966 028 229(코로나로 휴업중)

1유로 포르투갈 커피가
맛있는 이유

커피 좋아하세요?

포르투갈 여행자라면 커피와 사랑에 빠질 수밖에 없다. 포르투갈에서는 '삶이 커피를 중심으로 돌아간다.'는 표현을 하기도 한다. 와인과 노을, 맥주와 공원, 음악과 바람 같은, 우리가 포르투갈에서 사랑에 빠지고야 말 것들 중에 커피와 에그 타르트 역시 예외는 아니니…. 포르투갈에서 맛보는 에그 타르트는 단연 포르투갈 에스프레소와 함께일 때 최고가 된다.

'저와 함께 1유로 커피의 매력에 함께 빠져보시겠어요?'

뉴욕에서 스타벅스 찾기만큼 쉬운 것이 리스본에서 Pastelaria(빵

집 겸 카페) 찾기이다. 빵은 그들의 주식이자 간식이기도 하며, 하루를 시작하며 아침에 마시는 커피의 친구이기도 하다. 영국이나 미국 등 다른 나라에서 빵집과 카페는 별개로 운영되는 편이지만, 포르투갈에서는 그렇지 않다. 허름해 보이는 곳에서 저렴한 빵들을 진열하고 있지만 빵 맛은 최고이며, 그들이 함께 제공하는 커피 역시 최고의 맛을 자랑한다. 커피를 사랑하는 마음을 담았기 때문이

고, 그 마음이 고스란히 전해지기 때문이다. 최고의 에스프레소 머신을 기본으로 장착하고 있다는 사실도 간과할 수 없겠다.

리스본에서는 Bica, 포르투에서는 Cimbalino

유럽 여행에서 빠질 수 없는 음료는 단연 에스프레소. 이탈리아에서나 유명한 줄 알았던 에스프레소 자랑을 왜 여기서 하는지 궁금할지 모르겠다. 최초로 포르투갈에 커피를 전한 건 브라질이지만, (리스본에 유명한 Cafe Brasileira가 있으며, 곳곳에서 브라질 커피콩 사진을 인테리어 장식으로 사용하기도 한다.) 포르투갈에서 명성을 떨치는 에스프레소 기계들은 대부분 이탈리아 제품이다. 그중에서도 가장 먼저 들어온 브랜드인 Cimbali는 지금까지 명실상부 최고를 자랑한다.

인기 있는 메뉴는 um Café이다 : 흔히 에스프레소라고 알고 있는 작은 잔에 담긴 진한 커피를 뜻한다. 아침 출근길 카페에서 '서서 마시는' 1유로 커피를 사람들은 하루에도 몇 잔씩 마신다. 에너지 충전이라고나 할까? 많이 걷는 동안 피로가 금방 찾아오는 여행자들에게도 예외는 아니겠다.

우리에게 친숙한 'Bica'는 리스본에서 부르기 시작한 말로, Beba Isto Com Açúcar의 약자이다. 'Drink this with sugar.'라는 뜻을 가진 이 말은 에스프레소의 쓴맛을 설탕의 단맛과 함께 즐기라는 의미로 시작한 것이라고 한다. 하지만?! '유래'라는 것이 그렇지 않은가, BICA라는 단어를 설명하는 것들은 여러 가지가 있고, 그중 사람들이 가장 믿고 싶어 하거나 잘 알려진 이야기가 이것일 뿐, 진실은 다른 곳에 있었다.

Bica는 커피 기계에서 커피가 흘러 내려오는 그 자체의 모습을 뜻한다. (포르투갈어로 물이 솟아오르는 형태나 작은 분수 등의 모습도 Bica라고 한다)

과거에 브라질에서 최초로 커피가 건너왔을 당시에는 최고급 에스프레소 머신이 존재하지 않았고, 그래서 커피 향이 살아 숨 쉬는 커피를 제공하지 못했다. 한 중년의 손님이 식지 않은 커피를 원했고, 그리하여 미리 추출해둔 커피가 아닌, 기계로부터 즉석에서 따르는 커피를 부르게 된 말이 Bica였던 것.

포르투에서 불리는 Cimbalino는? 단순히 Cimbali 커피 머신 브

랜드에서 따온 것이다!

　고백하건대, 나는 아직 커피의 매력에 빠지지 못했다. 커피를 사랑하는 친구와 지인들 덕에 커피에 관심을 쏟아본 적이 여러 번 있지만, 여전히 맥주에 마음이 기운다. (한참 소개팅을 많이 하던 시절, 밥집과 카페를 왜 가나 싶었다. 맥주 마시는 곳에서 만나면 더욱 즐겁지 않나요?!) 포르투갈을 비롯해 유럽 여행을 하는 중에 그 흔한 에스프레소 사진은 거의 없고, 맥주나 와인 사진만 가득한 것도 이상할 일이 아니다.

　포르투갈 여행 중 추천하고 싶은 카페는 더러 있었지만, 커피 맛이 좋아서라기보다 브런치 식사가 좋아서였던 것 같다. 여러 종류의 커피콩이 내는 색다른 커피 맛을 음미할 줄 아는 사람들이 부럽기도 하지만, 나는 포르투갈 커피와 사랑에 빠지게 된 것만으로도 행복하다.

　앞으로 여행할 때는 각 나라의 커피가 선사하는 고유의 맛을 음미해봐야겠다는 생각이 들기도 한다. 커피는 커피 자체를 마신다는 느낌보다는 여유 있게 아침을 여는 하나의 방법이기도 할 테니.

　포르투갈에서 마신 커피가 이토록 생각나는 이유 역시 그 시간이 아름다웠기 때문이겠다.

　* 포르투의 유명한 Majestic Cafe(조앤 롤링 K가『해리포터』를 집필하던 곳)는 유독 비싼 가격(5유로)으로 에스프

레소를 판매하지만, 항상 붐빈다. 공교롭게도 8월과 2월에 내가 방문했을 당시 두 번이나 카페 직원들이 장기 휴가 중이라, 카페 문을 닫았다.

Sintra

로맨틱 신트라!
헤갈레이라 별장과 페냐 궁전

    지난밤에는 샴페인을 마시며 영화 한 편을 보는 호사를 누렸다. 샴페인을 마시고, 로제와인까지 조금 더 마셨더니 아침에 게으름을 피우고 싶을 수밖에. 오늘은 리스본에서 걷는 날로 정할까 하다가 침대를 박차고 일어났다. 마지막 타임으로 조식을 먹으러 내려가 새콤한 오렌지 주스를 두 잔이나 마셨다.

    '호시우역으로 가자. 신트라에 다시 가볼까. 이번에는 기차를 타고!'

    11시 1분에 출발하는 신트라행 열차에 올라탔다. 늦을까 봐 걱정하면서도 급히 챙겼던 책을 꺼냈다. 이어폰으로 음악을 들으며 『페소아의 리스본』을 읽었다. 창밖을 보다가, 책을 읽다가, 기차 안을 둘러보는 행위의 반복은 행복한 그 무엇 이상이었다. 옆자리에는 노부부가 두 손을 꼭 붙잡고 도란도란 이야기를 나누고 계신다. 여행에 관한 이야기였다. 음악을 잠깐 멈추고 엿듣는 그들의 이야기에 지금 이 순간이 더욱 풍성해진다. 기차의 창을 통해 쏟아져 들어오는 햇살은 그윽하고 따뜻했다.

· 리스본→신트라 기차(원데이 패스) : €16
· 원데이패스를 이용하면 신트라 마을버스까지 무제한 이용할 수 있다.

40분쯤 지나 신트라역에 도착했다. 페나 성Palácio da Pena으로 가는 434번 버스를 타기 전에 작은 카페에 잠시 들렀다. 사실은 역 내에 화장실이 없어 대안으로 찾은 곳이었다. 1유로짜리 에스프레소와 아이스크림을 하나씩 시켜서 테이블에 앉았다. 대부분의 사람들은 리스본에서 신트라, 그리고 호카곶까지 하루에 다 둘러보는 여행코스를 짜는 것 같았는데, 그건 아무래도 무리가 아닐까. 그럼 이렇게 카페에 들르느라 버스를 두 번이나 그냥 보낼 여유는 없을 것이다. 신트라역 귀여운 커피가게에 들르는 사람들을 관찰했다. 지금은 생각나지 않는 얼굴들이지만, 설렘으로 한껏 달뜬 눈빛을 하고 있었다는 것만큼은 기억한다.

지난여름에도 페나 성을 여행했었다. 어떤 사람은 동화 속 궁전처럼 아름답다 말하고, 어떤 사람은 관광지 상품처럼 붐비는 곳이

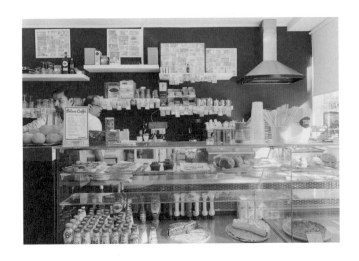

라 싫다고 말한다. 렌터카 여행으로 운전해서 올라갔던 신트라 산속에 우뚝 솟은 페나 궁전은 내게도 그리 예쁘게 기억된 곳이 아니었다. 한여름 얇은 원피스 한 장을 걸치고 찾았던 그날의 바람은 몹시도 차가워서 심술이 날 지경이었다. 노랗고, 빨갛고, 파란 동화 속 궁전 같은 색깔 대신 흑백 필터라도 씌운 듯한 흐림으로 기억해버린 것이다.

2019년 2월에 다시 찾은 페나 성은 페인트칠을 다시 한 걸까 하는 추측을 불러일으킬 정도로 색깔이 선명했다. 청명한 겨울 공기를 뚫고 쏟아져 내리는 햇살은 여름의 그것보다 뜨거웠다. 외투를 벗고 신트라 정원을 걷는 내내 초록 나뭇잎이 반짝거리고, 가끔 불어오는 바람에 차르르 소리가 났다.

원래 수도원이었던 터에 지어진 신트라의 페나 성은 새롭게 개
조하여 왕의 가족들이 여름철 별궁으로 사용하던 곳이다. 동화책

에서 팝업처럼 튀어나온 것만 같은 아기자기한 느낌을 주는 이유가 여기에 있었다. 그렇게 별궁으로 사용하던 것을 페르난두 2세 Dom Ferdinand II 왕이 두 번째 왕비인 마리아 2세 Maria II에게 선물로 바치며 성이라는 이름이 붙었던 것. 그냥 예쁘기만 할까? 마누엘 양식, 고딕양식, 이슬람과 르네상스양식 등 여러 가지 양식이 조화를 이루며 더욱 완벽해진 이곳은 영국의 시인 바이런George Gordon Byron이 에덴동산이라고 표현했다. 신트라 도시 전체를 유네스코 세계문화유산으로 등재시키는 데 한몫한 이유가 되기도 한다.

🏵 입장료

· 페나 성 외부 가든 €7.5

· 페나 성 내부까지 €14

· 미니 셔틀버스 €3

신트라 성 내부는 박물관이라고 해도 손색이 없을 정도로 왕족의 생활 방식을 그대로 살려놓았다. 역사적 유물 등에 큰 관심을 보이지 않는 편이지만, 페나 성은 달랐다. 성벽을 장식하는 아줄레주 타일, 10개 남짓 있는 왕족의 방, 그리고 그 방을 장식하는 고가구의 디테일, 스테인드글라스 창문, 샹들리에와 크고 작은 도자기 등의 인테리어가 화려해서 마음을 빼앗기고 말았으니.

페나 성보다는 헤갈레이라 별장Quinta da Regaleira을 더 좋아하

는 사람들이 많을 정도로 헤갈레이라 별장은 신트라에서 인기가 있
는 곳이다. 시간에 쫓기는 여행자들이 페나 성만 둘러보고 헤갈레
이라 별장은 생략하기도 하지만, 어쨌든 방문할 만한 가치는 충분
하다. 약간 경사진 오르막길을 10분 남짓 걸어 도착할 때쯤엔 이미
해가 지려는 참이었다. 별장이 주는 으스스한 느낌 때문인지 살결
에 닿는 바람이 더 차게만 느껴졌다. 별장을 둘러싼 정원 곳곳이 마
치 랜드마크인 양 볼거리들로 가득했는데, 마감시간이 있어 마냥
여유를 부릴 수만은 없었다.

　기사단의 신화 이야기나 마법의 전설이 떠오를법한 이곳은 원래
개인 별장이었다. 개인 별장이라고 하기엔 자연의 축소판 같은 큰
규모에 동굴, 연못, 우물, 정원과 교회 등 신비로운 분위기를 풍기
는 숨은 장소로 가득해서 마치 어른들을 위한 놀이공원 같다는 생

각이 들기도 한다.

🎫 입장료

· €8(1년에 2유로씩 오르는 중)

· €12(오디오 가이드 포함)

리스본에서 약 30km 떨어진 소도시, 신트라에서 놓치면 안 되는 한 가지가 더 있다. 1시간도 채 안 걸리는 작은 마을 골목을 탐방하는 재미가 그것이다. 그림책을 볼 때 느끼는 정답고 따스한 감정이 발길 닿는 돌바닥에서부터 전해져 온다. 골목이 꺾이는 곳곳에서 버스킹 연주자들이 노래를 부르고 기타를 친다. 겨울 해가 금방 지고 말더니 사람들의 발길이 뜸해졌다. 연주자들은 외로워 보이기도 하지만, 외로움과 그리움은 아름다움과 늘 함께인 것 같다고 생각했다. 꽃가게 주변을 서성이며 여행자라는 신분에도 꽃을 살 뻔했다가 -사실 이건 멋진 일이 아닐 수 없겠다!-, 맛있는 빵 냄새가 나는 가게를 기웃거리기도 하며, 그렇게 발걸음이 느려지더니 하마터면 돌아가는 기차를 놓칠 뻔했다.

페나성 드론 영상

EXCEPTO
POLÍCIA
MARÍTIMA

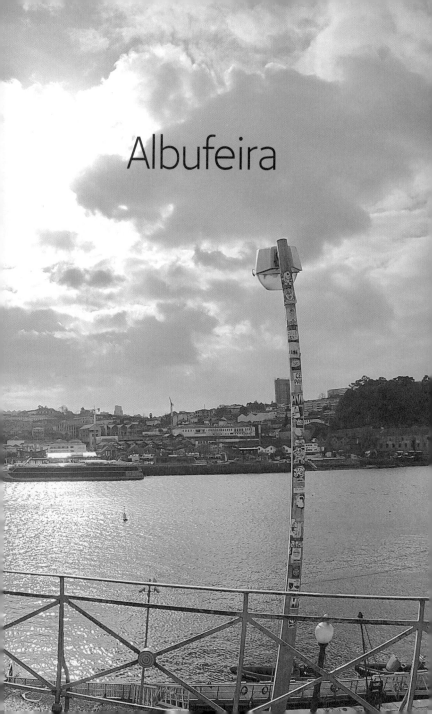

Albufeira

겨울,
포르투갈 남부의 하얀 마을

그날 오후, 알부페이라Albufeira의 바다는 고요했다. 해를 가린 낮은 하늘. 겨울 바다는 으레 그런 것이리라는 생각이 들자, 회색빛 하늘 아래 걷는 걸음도 괜찮다. 비가 내리다 말다 하는 틈에 우산을 폈다 접었다 하는 사람들이 곁을 지나갔지만, 소란하지 않다. 종종 들려오는 갈매기 울음소리와 바람소리가 참 잘 어울린다고 생각했다. 어쩌면 갈매기와 바람은 서로 대화를 나누고 있을는지도 모른다.

겨울, 남부 지역은 예상대로 스산했다. 여름에는 유럽인들의 인기 휴양지이지만, 겨울 바다를 보러 오는 사람들은 많지 않았다. 심지어 그날에는 굵은 빗방울이 우리들의 어깨를 적셨으며, 후드득하

는 사이 해는 아주 잠깐 나왔다 들어갔고, 해변의 레스토랑을 드문 드문 채운 사람들은 은퇴한 부부 여행자들이 대부분이었다.

포르투갈 남부 해안가 지역을 통틀어 알가르베^Algarve라고 부른다. (원래 발음은 알가르브에 가깝다) 알부페이라는 알가르베 해안가에 있는 소도시 중 하나로 '포르투갈의 하얀 마을'로 유명하다.

하얀 마을? 그리스의 파란 바다와 하얀 벽? 스페인 안달루시아 지방의 프리힐리아나? 어느 곳을 떠올리든 우리가 알고 있는 사실은 하얀 마을은 동화처럼 예쁘다는 사실. 담장을 비집고 나온 꽃과 풀은 선명한 파릇함을 뽐낼 수 있으니까. 널어놓은 빨래는 예술작품이 되기에 충분한 배경을 갖게 된다. 집집마다 개성 있게 페인트 칠한 대문 앞에서는 꼭 사진을 찍고야 만다.

여행을 자주 다니며 느낀 점 하나는 여비가 조금 더 들더라도 '그 나라의 성수기를 즐겨야 한다.'는 것이었다. 바다가 아름다운 지역은 여름에 더 빛이 난다는 것을 알고 있었다. 겨울과 여름을 두 번 겪고 싶은 욕심에 들른 이곳은 활기차지는 않았지만, 이상하리만치 내 마음은 편안했다. 고요함 속에서, 드문드문 마주치는 여행객들 틈에서, 비 내린 후 차가운 공기를 마시는 기분은 오히려 흠쾌하다.

1유로의 동전을 넣으면 알부페이라 해변 기념주화를 찍어주는 기계 앞에 섰다. 끼이익- 하고 돌려보는 원형의 핸들은 녹이 조금 슬었나 보다.

끼니를 때우러 들어간 식당에서 맥주를 마셨다. 도로를 가득 메운 음악소리에 이끌려 들어간 곳이었다. 사람들의 표정을 관찰하다 보면 시간이 금세 흐른다. 시끄럽게 대화를 이어가며 담배를 이어 피우는 저 사람들은 지금 행복할 것이라는 확신도 가져본다.

작은 기념품 가게에 들렀다. 하얀 마을에만 파는 하얀 집들이 옹기종기 모여있었다. 낯선 곳을 여행하고, '이런 것들'을 챙기면서 행복하다고 느끼는 사람이다, 나는. 포르투갈 하얀 마을에 있는 집 몇 채를 통째로 데려가는 기분이다. 글을 쓰는 이 순간에 그날 스며든 바다 향을 꺼내본다. 갈매기가 끼룩끼룩 울었던가, 깍깍 울었던가 생각한다. 해변 한가운데 있는 화장실 앞에 앉아 동전을 내어놓으라던 포르투갈 할머니는 여태 그곳에 앉아 돈을 벌고 있을까 궁금하다.

▓ 알부페이라 드론 영상

Sagres

진짜 세상의 끝은
호카곶이 아니라고요?

"가능한 빨리 가야 해. 이 세상의 끝 같아. 생각해 봐! 옛
날 바다를 누비던 사람들이 먼바다로 항해해 가서 육지
가 보이지 않을 때 느꼈던 것을 상상해 봐."
　　　　　－『리스본의 겨울』안토니오 뮤뇨스 몰리나

'까사망이Casa Mãe 호텔'에서 맞는 아침은 지나치게 밝았다. 햇
살은 커다란 창이 난 곳으로 하염없이 쏟아져 들어오고 있었다. 하
얀 커튼 그림자가 출렁거렸다. 기지개를 쭉 켜고 침대 옆에 놓인 디
지털시계를 보니 오전 7시다. 블루투스 오디오를 켰다. 호텔 로비
에서 틀어주는 음악을 방에서도 들을 수 있다. 포르투갈에서만 들
을 수 있을 것 같은 잔잔하고도 리드미컬한 노래에 기분이 좋아졌

다. 그렇게 30분을 더 가만히 누워있었다.

전날 비가 내리더니 쨍한 해가 비추는데도 초록 잎사귀들은 물기를 머금고 있다. 오늘은 바다를 다시 찾아야겠다. 사그레스Sagres 마을 근처에는 아름다운 작은 해변들이 꽤 있는데, 계절에 상관없이 유럽의 서퍼surfer들이 많이 찾는 곳이다. 서퍼들이 사랑한 바다, 그곳의 파도와 바람은 생각보다 거세고 웅장하다.

세인트 빈센트곶 Cabo de São Vicente

벽에 걸어둔 세계지도를 손으로 훑어보는 시간이 있다. 여행한 나라와 도시를 손가락으로 짚어보며 설렘과 아쉬움이 뒤섞인 감정을 정리하는 것이다. 세상의 '시작'과 '끝'이라 이름 붙이는 건, 필요에 의해 의미를 두는 일인 것만 같다. 나는 그런 것들이 재미있다.

포르투갈의 호카곶Cabo da Roca은 유라시아Eurasia 서쪽 끝이다. 신트라에서 버스로 약 40분 걸려 도착한 이곳은 세상의 끝을 밟았다는 의미만으로 행복한 여행자들에게 증명서를 팔기도 한다. 필요 없기도 하고, 필요하기도 한 일이다. 나는 이런 것들을 사고야 만다.

'세인트 빈센트곶이 진짜 세상의 끝'이라고 외친 사람들의 말을 들은 나는 그 땅을 밟으러 왔다. 목적지로 염두에 둔 것은 아니었으나, 라구스에서 2박 3일 머무는 동안 사그레스에 가지 않을 이유는 없으니까.

대체 서쪽의 끝이 아닌 남서쪽 끝이 주는 의미가 있느냐 하니, 있었다.

배를 타고 바다로 나서는 선원들이 점처럼 멀어질 때, 선원들이 마지막까지 눈에 담을 수 있는 땅이 바로 세인트 빈센트곶이라는 것이다.

바다에 얽힌 한을 노래하는 파두의 한 조각이기도 한 장소. 기다리는 사람의 마음을 아는지 모르는지 지는 해를 삼키는 바다 위로 펼쳐진 노을의 색은 아름답기 그지없다. 최대한 바다 가까이 서 보지만 불어오는 바람에 몸이 떠밀려 뒷걸음질 칠 수밖에 없었다. 진한 파란색, 아니 남색에 가까운 바다색과 부서지는 파도의 하얀색을 카메라에 담으려 해 봐도 바람에 흔들려 놓치기 십상이었다.

이곳은 1979년 스페인과 영국의 접전지로 기억되기도 하며, 문학 작품에도 왕왕 등장한다.

이베리아반도의 서쪽 해안에 괴상한 사람의 옆모습을 그
려 넣었는데 코는 포르투에서 리스본까지 이어졌고, 피
니스테레곶 주변에는 곱슬곱슬한 머리카락을 그려 넣었
으며, 세인트 빈센트곶에는 덥수룩한 수염의 뾰족한 끝
을 그려 넣었다.

　　　　　　　　　　　－『수레바퀴 아래서』헤르만 헤세

　작은 요새로 둘러싸인 세인트 빈센트곶에는 빨간 등대가 묵묵히
자신의 자리를 지키고 있다. 따뜻한 커피 한 잔으로 몸을 녹일만한
카페테리아와 빨간 등대 모형을 파는 작은 공간도 있다. 커피가 맛
있는 나라인 만큼 아무리 시골의 카페라도 멋들어진 에스프레소 머
신은 있다. (「1유로 포르투갈 커피가 맛있는 이유」글 참조)
　우리는 많은 말을 나누지 않았다. 잠에서 깨어나 갸르릉거리는
고양이를 쫓다가 발견한 커다란 의자에 앉아 바람을 느꼈다. 사방

으로 탁 트인 바다를 가슴에 담기가 버거웠다. 세상의 끝에서 망망대해로 사랑하는 사람을 떠나보내고 부르는 파두 소리가 들리는 듯했다. 오랜 세월 사람들의 목소리와 눈빛을 품은 바다는 온통 반짝거리기만 할 뿐이었다.

* 포르투갈 렌터카 여행으로 찾아간 곳이었다. 사그레스 마을에서 운행하는 버스는 평일에 한두 번 운행한다.

명물이 된 사그레스 접시 가게

사랑하는 이를 위해 요리하는 시간을 소중히 여기는 사람은 얼마나 다정한지! 뭐든 자주 하면 는다지만, 내게 요리의 재능은 없다. 플레이팅에는 관심이 있지만, 그마저도 요리를 못하니 부엌살림은 늘 뒷전이었다. 예쁜 접시나 컵을 모으는 사람이 아니라서 다행이라 생각했다. 예쁜 것들일수록 꽤 값이 나가곤 하니까. 그런 내가 요즘은 달라졌다. 빵 하나, 계란 하나를 먹더라도 예쁜 접시에 담아서 먹고 싶어진다. 예쁜 포크와 예쁜 머그를 보면 기분이 좋아진다. 이런 게 소소한 행복 중 하나일까?

사그레스의 접시 가게를 발견하고는 차를 멈출 수밖에 없었다. 바다 근처라 바람에 날아갈 것 같았지만 −과장이 아니다!− 벽에 붙은 접시들을 자세히 보고 싶었다. 눈으로만 저장하기엔 아쉬웠다. 포르투갈은 그릇으로도 유명하다. 이미 잘 알려진 코스타노바 브랜드는 한국에서도 인기. 포르투갈에서는 매우 저렴하지만, 캐리어에 넣어오기엔 무리가 있어서 참았다. 나도 언젠가 벽 한 면을 예쁜 접시로 가득 채우고 싶다는 꿈을 꿔본다.

Lagos

디지털 노마드의 천국
라구스의 까사망이

하얀 철문을 열자마자 풀 냄새가 진동했다. 눈에 띄는 초록색과 연한 나무색의 가구들이 가득, 아늑해서 차가워진 손이 금세 따뜻해졌다. 노란색 코트를 벗어 소파에 올려두었다. 포르투갈식 재즈 음악이 흘러나오는 공간은 진한 색 벽돌 바닥을 품고 있다. 에메랄드색 야자수 무늬를 가진 패브릭 소파가 새삼 예뻐 보였다. 우리 집 한편에 놓인 여인초도 이만큼이나 키가 자랄 거라 생각하니 남모를 뿌듯함에 미소가 일렁였다.

여름에 포르투갈 남부 해안 지역은 유럽인들이 즐겨 찾는 곳으로 복잡하지만, 겨울에는 한가한 편이다. 그럼에도 조용한 바다를 온전히 즐기기 위해 찾는 사람들은 여전히 많다. 특히 비수기 가격

으로 떨어진 포르투갈 감성 가득 숙소들은 디지털 노마드의 천국이 된다. 라구스Lagos의 까사망이Casa mãe는 그중 한 곳이었다.

'엄마의 집'이라는 뜻의 까사망이는 예술가의 감성을 자극하는 것들만 잔뜩 가지고 있는 하얀 건물이다. 3-4층 높이에는 심플한 인테리어를 자랑하는 객실들이 위치하고, 1층에는 레스토랑 겸 카페와 디자이너 작품 샵 등이 있다. 겨울에 장기 투숙하는 여행객들은 카페에서 글쓰기나 책 읽기로 시간을 보내다가 해가 좋은 어떤 날엔 아무 때고 바닷가로 산책을 나간다.

그뿐이 아니다. 호텔에서 직접 관리하는 텃밭에서 나는 야채와 채소로 여행자의 식탁을 더욱 풍성하게 만든다. 메뉴에 있는 포르투갈 수제 맥주 MUSA를 마시며 조명과 음악에 심취하지 않을 수 없다. 다른 여행자의 테이블에서 들려오는 프랑스어와 포르투갈어 같은 언어의 엑센트가 노래처럼 귓가를 맴돈다.

빨간 가죽으로 만든 열쇠고리를 받아 들고 엘리베이터에 올랐다. 이런 소소한 것들에 시선을 두게 하는 사람들에 감탄한다. 낮은 높이의 침대가 주는 안정감이 가득한 방. 침대만큼 커다란 패브릭 장식의 색감에 푹 빠져 한동안 헤어 나오지 못했다. 웰컴 디저트로 마련해준 에그 타르트와 빠알간 사과에 마음이 뺏긴다. 하얀 이불 안에 파고들어 몸을 누이는 상상만으로도 기분이 좋아진다.

며칠간 머물 이 집에 옷가지를 차례차례 걸어놓았다. 오픈된 공간에 덩그러니 놓인 새하얀 욕조는 바라만 보고 있어도 피로가 풀리는 듯하다. 까사망이의 샤워가운은 특히 보송보송하고 부드러워

서 빨리 밤이 되었으면 좋겠다고 생각했다.

발코니에 놓인 비치의자에 누워 가만히 하늘을 보는 시간, 방 안
을 가득 채우는 음악을 들으며 책을 읽는 시간만으로 평화로운 여
행지의 기운을 마음껏 느꼈다.

호텔에서 마을로 오갈 때마다 텃밭과 수영장을 지나쳤다. 새파란
물이 가득 담긴 수영장에서는 겨울 냄새가 났다.

라구스 마을도 오비두스처럼 성벽Castello de Lagos 안에 자리 잡
고 있다. 좁은 골목 주위로 촘촘히 지어진 집들의 바깥쪽, 그러니
까 성벽과 바로 맞닿는 공간에 호텔을 지은 것이다. 그래서 우리
는 바다에 나갈 때는 성곽 문을 지나야 했다. 과거를 지나는 기분
이 들었다.

어느 날엔 비가 많이 내렸다. 마을을 거닐고 있을 때였다. 옷이 흠뻑 젖을 정도로 쏟아지는 장대비에 서둘러 호텔로 돌아왔다. 금방 그칠 것 같지 않은 두꺼운 빗줄기였다. 때마침 하늘도 어둑어둑해지고 있었다.

"어제 먹은 문어 요리Polvo를 또 먹자!"

따뜻한 물에 샤워부터 하고 정갈한 마음으로 저녁식사에 임할 테다. 통유리 한 장 너머로 쏟아지는 빗소리를 들으며 맥주 한 모금 마시니 볼이 발그레해진 것 같다.

"오늘은 요리가 안 됩니다. 특별히 모신 셰프 특선만 가능해요. 일본과 페루 요리법을 합친 퓨전 코스 요리를 제공합니다."
"…!"

여행 중 대부분 점심과 저녁을 합쳐 한 끼로 해결하곤 하는 나에게 다른 옵션은 없었다. 간단한 식사를 위해 바깥으로 뛰쳐나가기에는 빗줄기가 더욱 거세지고 있었다.

'끌리지 않지만 어쩔 수 없지.'

호텔에서 정해 놓은 셰프 특선 금요일은 오늘 같은 날씨를 예상

했던 걸까.

호텔 레스토랑 테이블 빈자리가 점점 채워지고 있었다.

NIKKEI

입이 짧은 내가 유독 좋아하지 않는 음식 중 하나가 바로 일본 음식이다. 게다가 한국에서 쉽게 접할 수 있는 일본 음식을 서유럽의 포르투갈 남부 지역, 라구스의 어느 한 호텔에서 '코스 요리'로 먹게 될 줄이야.

혹자는 이런 호사를 감사하게 받아들이지 못한 나의 태도가 못마땅할지 모르겠다. 게다가 위가 작아 대부분 남겼으니 안타까운 마음이 극에 달했다.

첫 음식인 소위 '닭꼬치' 하나만으로도 충분했는데(아니, 셰프 특선에 닭꼬치라니 말이 되는가…), 이어 나온 참치회, 만둣국, 고구마 무스, 그리고 디저트인 '미소 마카롱(상상하는 그 맛이다. 미소 된장국 맛 마카롱)'의 친숙한(?) 냄새는 결국 나를 취하게 만들었다.

와인만 몇 잔을 마셨는지 모르겠다.

이런 날도 있군요. 여행은 예상치 못한 일들의 연속이니까요. 뜻밖에 맛있는(맛없는) 음식 한입에 행복하기도(슬프기도), 뜻밖에 쏟아지는 비를 쫄딱 맞고 감기에 걸리기도, 뜻밖에 주어진 따스한 시간에 '일본식 된장맛 마카롱'을 먹으며 포르투갈 와인을 마시는 호사를 누리기도 하며 말입니다.

며칠 뒤 라구스를 떠나는 날.

체크아웃하는 시간에 햇살이 호텔 깊숙이 들어와 있었다. 체크인할 때 환한 미소로 반겨준 그는 데이 오프day off인가 보다. 그에게 작별인사를 못해 아쉬운 마음은 무뚝뚝한 그녀에게 얹어주었다.

▦ Casa Mãe

· R. do Jogo da Bola 41, 8600-712 Lagos, Portugal

라구스에서의 해피엔딩!

어쩌면 이렇게도 조용할까, 하는 생각이 들었다. 주위에서는 도대체 아무런 소리도 들려오지 않았다. 왠지 낮잠 자는 시간 같다는 느낌이 들었다. 사람도, 동물도, 벌레도, 초목도 모두가 깊은 잠에 빠져 있는 것 같은 고요한 오후였다.

— 『상실의 시대』 무라카미 하루키

아침에는 바다에 다녀왔다. 짙푸른 바다의 숨결이 훅 다가올 때 맑은 세상의 냄새를 기억한다. 바다 물결에 밀려왔다 밀려가버린

생각들은 잊기로 했다. 바람이 불자 할머니는 빨래를 널기 위해 테라스에 나오셨고, 나는 두어 번 손을 흔들어 보았다. 때마침 후드득 비가 내려 얼른 처마 밑으로 몸을 숨겼다. 타박타박 빗소리가 골목을 가득 메웠다.

포르투갈 남부식 대구요리를 찾아, Adega Da Marina

· 12PM-12AM

· Av. dos Descobrimentos 35, 8600-645 Lagos, Portugal

· 1993년에 시작된 이 식당은 2018년에 25주년을 기념하였다.

세상에는 비슷한 마을이 존재한다. 라구스도 그런 셈이었다. 갑자기 내린 비는 금방 멈출 것만 같았고, 그래서 우린 우산을 사는 대신 길가에 세워진 파라솔 아래에 가만히 서 있기로 했다. 서너 명의 사람들이 더 모였고 인사를 나누었지만, 더 이상 빗소리 외에 다른 소리는 들리지 않았다.

5분쯤 흘렀을까. 촉촉한 땅에 마른 햇살이 비추어 원래의 목적지로 향했다. 아기자기한 분위기가 나는 동네 맛집이 아닌, 규모가 조금 큰 식당이었다. 사람들이 줄을 선다는 이 식당은 커다란 공간을 테이블로 촘촘히 채워놨지만, 여행객들끼리 친밀도를 높일 수 있단 기대감은 들지 않는다. 우리는 밥만 먹고 빨리 사라져야 할 것 같은 복잡한 맛집은 피하고 보는 여행자들이지만, 이곳에도 매력은 있었다. 뾰족한 지붕 모양이 그대로 드러난 높은 천장, 천장을 가득 메운 각국의 축구팀 스카프, 각종 상을 휩쓸었다는 표식이 가득한 벽면, 알고 보니 이곳은 여행자들보다 현지인들이 많이 찾는 식당이었다.

해산물을 직접 잡아 요리하는 이곳의 또 다른 장점은 신선도에 반하는 저렴한 가격이다. 같은 물고기라도 꽤 다양한 요리 방법에 따른 메뉴를 직접 고를 수 있다. 대부분 kg 단위의 가격이 제시되어 있지만, 주문받은 이는 알아서 적정량을 내어 온다. (많이 먹고 싶다 면 원하는 양을 제시하면 좋겠다.)

포르투갈 여행 중 흔히 먹던 바칼라우Bacalhau와 연어구이를 주 문했다. 바칼라우는 대구요리를 뜻하는데, 집집마다 요리 방식이 다를 정도로 다양하게 대구를 맛볼 수 있다. 식당에서 먹는 바칼

라우 맛보기 재미가 쏠쏠하다는 것이다. (예를 들어, Bacalhau com natas는 크림 대구요리, Bolinhos de Bacalhau는 대구살 볼, Bacalhau à Brás는 각종 야채와 감자, 계란 등과 함께 한 대구요리, Bacalhau na Brasa 는 구운 대구요리를 뜻한다.) 포르투갈 요리에서 빠지지 않고 나오는 구운 감자는 짭조름한 생선구이에 어울리는 사이드 메뉴이다.

· Bacalhau na Brasa (Grilled Codfish) €11.65
· Grilled Salmon (kg/35.35) €14.85
· 맥주 €2.6 / 물 330ml €1.15

커피 마시러 가는 길, Artesão Café

· 10AM – 10PM
· Marina De Lagos Lojas 11/12, 8600-780 Lagos, Portugal

비가 내린 뒤라 그런지 바람이 세고 차다. 구름과 해가 번갈아 나는 동안 간간이 비를 흩뿌렸다. 오늘은 계속 걷기로 한다. 다리를 건너 식당 반대편 요트가 가득 정박한 곳으로 향했다. 여전히 비슷한 풍경인 것만 같다. Marina로 향하는 다리bridge는 날씨 좋은 날엔 사람들로 가득 찬다는데, 2월의 어느 날엔 이렇게 우리밖에 없다. 쫄래쫄래 따라오던 강아지 한 마리가 기억날 뿐이다.

마리나Marina 앞에는 바다를 바라보는 힙한 카페들이 줄지어 있

었다. 카페 차양 아래 앉아 에스프레소를 마시는 노인의 모습이 그 윽한 곳으로 들어갔다. 이곳이 내세우는 것은 수제 음료와 유기농 식 간단 식사! 그뿐이 아니었다. 빨간 스웨터에 깡총한 청바지를 입 고 활짝 웃는 직원의 매력에 빠져버리고 말았으니.

　매끄럽게 마감한 나무 메뉴판을 쓰다듬으며 "예쁘다" 감탄하자 마자 센스 있는 메뉴 이름을 읽으며 웃음을 터뜨렸다. Mexican Affair, Pillow Talk, A Night in Peru, Call it a Fig 같은 이름을 제 치고 주문한 것은 Happy Ending. 하루의 끝이 행복하기를 바라 는 마음도 있었지만, 초콜릿 가나쉬에 코냑, 그리고 버터가 들어간 칵테일이라는 설명에 벌써부터 입맛을 다시고 있었으니 말이다.

· Happy Ending €5.5

· Algarve Coffee €5.5

이 작은 마을에도 책방이 있다고? The Owl Story Book Store

· 10AM-5:30PM(토 -2:30PM, 일요일 휴무)

· R. Marreiros Netto, 8600-754 Lagos, Portugal

여행지에서의 책방 여행은 작은 마을에서도 계속되었다. 이름마저 귀여운 '부엉이 이야기 서점'에는 백발의 할머니가 주인공이셨다. 문을 열면 보이는 초록빛 소파 옆에는 여행자들이 되팔고 간 책

들과 시집이 꽂혀 있다. 펭귄북스의 『Portuguese Phrase』를 구입했다. 책 냄새가 가득한 이런 아담한 공간에서는 좀처럼 발걸음을 떼기가 힘들다. 문 닫을 시간이 다 되어, 반가운 책들의 제목을 읊조리는 일을 그제야 멈추었다.

다시 골목길로 들어서니 채 비가 마르지 않은 담벼락에서 하얀 바람이 불어왔다. 절대 막다른 골목을 마주할 리 없을 것만 같은, 미로처럼 이어지는 길을 걷다가 길을 잃을 뻔한 기억들이 떠올랐다. 걷다 보니 2월의 짧은 해는 금세 떨어지고 말았다. 작은 창틈으로 보이는 그들만의 세상을 한참 서서 바라보기도 하였다. 우리가 사는 1분 1초가 여행이었다.

어디에선지는 모르지만, 바람이 불어와서는 반쯤 자란 나뭇잎들을 추켜올리자 공중에는 은회색 섬광이 번쩍였습니다. 때는 해 질 녘이어서 색깔들이 더 강렬해지고, 자줏빛 그리고 금빛이 흥분하기 쉬운 심장의 맥박처럼 창유리에서 불타오르는 시간, 어떤 이유에서인지 세상의 아름다움이 드러났다가 곧 사라지게 될 시간이었지요.

— 『자기만의 방』 버지니아 울프

여행지에서 맛집이란

여행 이야기는 언제 들어도 신난다. 그중에서도 빼놓을 수 없는 부분은 여행지에서만 먹을 수 있는 맛있는 음식 이야기일 것이다. 사람들이 좋아하는 먹방 프로그램은 이제 글로벌하게 해외로 뻗어나가고 있다. 유명 연예인의 집에 찾아가서 냉장고를 터는 대신, 연예인이 직접 찾아가는 맛집에서 나 대신 맛있는 음식을 먹어주는 모습은 아예 관전 포인트로 자리 잡았다.

여행 이야기에서 둘째가면 서러울 정도로 할 말이 많은 나지만, '어느 여행지에서 꼭 먹어봐야 할 어떤 음식 메뉴'를 말하는 데에는 소질이 없다. 미식가도 아닌 데다 '먹는 행위' 자체를 즐기는 편이 아니기 때문이다. 하루 한두 끼면 충분한데, 그마저도 여행지에서는 특히 '아무 데나'에서 '아무거나' 먹어도 괜찮더라는 것이다. (대신 와인이나 맥주는 꼭 그 지역의 것을 탐한다.) 이런 나를 이해 못 하는 지인들은 내가 여행을 떠날 때마다 '거기 가면 그거 꼭 먹어봐.' '어느 도시에 어디가 맛있대.' 같은 조언을 해주지만 그 말을 듣고 따른 적은 없던 것 같다. 믿기 어렵겠지만, 포르투갈에서 가장 유명하다는 그 에그 타르트를 (한 달간) 딱 두 번 사 먹었다. 과연 비할 데 없이 바삭하고 말로 형언할 수 없는 달콤한 커스터드크림이 입에서 살살 녹았다.

여행 습관이 이렇다 보니 간혹 난제에 부딪히기도 한다. 걷다가 '아무 데나' 들어가서 먹은 식사가 별로였던 날엔 적어도 다음날은 어디서 무얼 먹을지에 대한 고민이 생길 수밖에 없었다.

숙소에서 조식을 제공하지 않을 때는 적당히 트렌디하고 아담한 크기의 브런치 가게에서 커피와 샌드위치를 먹고 싶었다. 어제의 저녁식사가 별로였다면 오늘은 인테리어가 무심하더라도 맛있는 로컬 음식을 맛볼 수 있는 곳을 찾고 싶었다. 이왕이면 옆 테이블의 여행자들과 대화를 할 수 있고, 로컬 분위기를 담뿍 느낄 수 있는 곳이라면 더없이 좋겠고. 결국 검색의 힘을 믿게 되고, 외국인들이 찾는 음식점 사이트를 찾아 리뷰어들의 말에 현혹될 수밖에 없는 날들이 지속되기도 했다.

가장 좋은 방법은 머물고 있는 숙소에서 일하는 사람이나 여행하다 인사를 주고받은 같은 여행지 친구들에게 묻는 것이다. 하지만 내게는 그리 내키는 방법이 아니었다. 괜스레 까끌까끌한 느낌을 가진 물음 같았다. 사실 그것은 이 세상에서 가장 자연스럽고 흥미롭고 맛있는 질문이라는 것을 여행 경력 10년이 넘어서야 깨달았다. 이제는 그들이 가르쳐준 식당을 찾아가는 행위, 그 여정 자체가 나에게 모험이 되기도 한다. 마치 꼬불꼬불한 미로를 탈출한 아이들이 느꼈을 법한 미션 수행의 기쁨이라는 것을 십분 느끼며.

그래서, 포르투갈 맛집은 대체 어디라는 거야?

이상하리만치 포르투갈은 내게 맛집 탐방의 기회를 선사하지 않았다. 북부에서 중부를 거쳐 남부를 훑는 포르투갈 한 달 여행 중 맛집 탐방 성공률은 1할쯤 될 것이다. 물론 '아무 데나' 들어갔는데 '성공' 했던 집은 제외시켰다. 그렇게 찾은 곳에 대한 성공률은 꽤 높은 편이다. 예를 들어 대학교의 구내식당이라든지, 우연히 마주친 벼룩시

장 한쪽 코너에서 사 먹는 간식거리라든지, 단지 간판이 예뻐서 들어
가 본 카페라든지 말이다.

• Ostras e Coisas

포르투 숙소에서 추천해준 해산물 맛집 'Ostras e Coisas'는 성공
적이었다. 예상치 못한 생선구이 불쇼가 눈앞에 펼쳐졌고, 그들이 추
천해준 애피타이저 격의 해산물은 너무나 신기하게 생겨 사진을 10
번 이상 찍어댔다.

"메인 메뉴 나오기 전에 이거 한 번 먹어볼래? 포르투갈 북부 바
다에서 나는 유명한 거야."라고 말한 그는 그것을 손에 들고 껍질을
벗겨내어 쪽쪽 빨아먹는 시범을 직접 보여주었다. 나는 처음 본 생물
이었는데, 알고 보니 우리나라에서는 거북손(Barnicle)이라고 불리고
있었다. 스페인 북부에서는 페르세베(Percebes)라고 불리는데 꽤 고

가의 고급 해산물이라고 한다. 후… 이쯤하면 미식여행에도 흥미가 생기기 시작한다.

　평소 생선구이를 좋아하는 편이지만, 생선을 굵은 소금 안에 쏙 파묻고는, 소금 전체에 불을 붙여 익혀내는 건 처음이다. 어느 정도 익었다 싶으면 소금이 하나의 큰 덩어리로 분리되며, 생선이 얼굴을 내민다. 뽀얀 생선살을 그 자리에서 접시에 덜어주는데, 와… 정말 살살 녹는다! 라는 표현밖에!

　생선 위에 뿌려진 소스가 너무도 맛있어서 "이게 뭐지?"하며 테이블 한편에 놓인 소스 병을 살펴보니 포르투갈 유기농 올리브 오일이었다! (이럴 수가! 단순히 오일이었다니!)

　그곳에서 만난 직원이 이메일 주소를 알려주며 사진을 보내달라 하였고, 손님으로 와 있던 노란 머리의 소년들은 헤죽 웃으며 내 주변을 탐방하다가 인사를 나누었다. 늦은 점심시간에 찾아간 터라 금세 손님들은 빠졌고, 조용한 시간이 찾아왔다. 브레이크타임이 걸렸을 거라 예상하자 마음이 급해졌지만, 그들은 끝까지 느리게 식사하는 여행자의 권리를 빼앗아가지 않았다. 추천이란 단어를 잘 쓰지 않는 내가 당당하게 추천하고 싶은 맛집들의 서막이다.

🎗️ 버진 엑스트라 오일 정보 : Quinta do Javali Douro

• Fabrica Lisboa

리스본에서는 매일 아침 다른 곳에서 브런치를 먹었다. 구글링을 하면 할수록 가보고 싶은 브런치 맛집이 넘쳐나고 있었다. 어느 여행지나 외국인들이 정착하여 오픈한 카페나 공방 같은 것들이 존재하기 마련이지만, 최근 리스본에는 특히 유럽풍의 트렌디한 카페들이 생겨나고 있음을 체감했다.

'Fabrica Lisboa'가 그랬다. 메뉴 두 개와 음료 두 잔이면 꽉 차는 테이블에서 아침을 열기엔 불편할 법도 했지만, 다닥다닥 붙어 앉은 손님들은 개의치 않았다. 따뜻한 조명이 흘러나오는 라운지 음악 선율에 맞춰 흔들리고 있었다. 이른 시간부터 손님들이 몰려들자 직원의 얼굴에선 점점 웃음기가 가시는 것 같았지만 (제이는 그녀를 보고 「스카이캐슬」의 김주영 선생님 같다고 했다.) 기분이 나쁘기는커녕 내가 일어나서 서빙을 도와주고 싶은 마음마저 들었다.

아보카도 샌드위치와 연어 샌드위치의 생김새가 단출하다. '기대

한 만큼 실망도 커지는 걸까.'라고 우려한 마음은 무색해졌다. 샌드
위치를 한 입 베어 물자마자 "으음~" 하며 감탄사를 내뱉었다. 푸석
해 보이는 못생긴 빵은 촉촉함과 바삭함 사이 완벽한 중립을 지키
고 있었고, 적당하게 다져 버무려진 아보카도와 구운 연어 역시 최
대의 풍미를 내고 있었다. 절대 멋 부리지 않은 투박한 커피를 두 잔
이나 마셨다.

• da Prata 52

그날 저녁은 간판이 잘 보이지 않아 지나치기 쉬운 'da Prata 52'
라는 곳을 찾았다. 'simple dinner'를 겨냥해서 찾은 곳이었는데, 1인
2개 이상의 타파스를 주문하는 것이 규칙이었다. 레스토랑 입구에는
'LGBT 환영'이라는 문구가 적혀 적혀 있고, 벽에 딱 붙은 커다란 오
크통이 테이블 역할을 하고 있었다. 가게를 가득 메우는 음악 소리
는 어디서 나는 건지 궁금해져서 스피커를 찾느라 구석구석 눈을 떼
지 못했다.

타파스 한 개의 가격은 €6.9~€8.9 정도로 높은 편이었는데, 그도
그럴 것이 저렴한 스페인식 타파스와는 달리 요리 방법이나 재료에
서 확연한 차이가 있었다. 문어 요리를 좋아하는 제이가 같은 종류를
두 개 주문하자, "우리가 두 개씩 주문하라고 한 이유는 다양한 음식
을 맛보게 하기 위해서인데, 정말 같은 걸로 할 거야?"라고 되물었
다. "문어를 좋아하거든." 하고 웃어버리며 대신 나는 다른 종류 두
개를 주문할 거라 대답했다. 그들은 음식을 내온 후에도 두세 번에

걸쳐 "음식 어떠니? 괜찮아?"라는 질문을 건넸고, 함께 시킨 상그리
아에 더 단맛이 돌기 원하면 스프라이트를 더 넣어주겠다고 말했다.
하지만 본인은 너무 단것을 좋아하지 않기 때문에 그렇게 만든 것이
라고 말해주니 그냥 그렇게 마셔야 할 것만 같다. 새삼스레 기분이
상그리아 속에 담긴 커다란 오렌지 조각처럼 발그레해졌다. 귀여운
타파스 요리가 진심으로 깊은 맛을 내주어 감동했다. 가벼운 저녁식
사 한 끼로 좋았던, 다음에는 다양한 요리를 몇 접시 더 먹어보겠다
는 다짐을 하며… 레스토랑을 나서기 전에 "음악이 너무 좋다. 스피
커는 어디 있는 거니?"라고 묻는 것을 잊지 않았다.

• Fabulas

리스본 여행을 해 봤다면 한 번쯤 이 식당을 방문한 경험이 있을지 모른다. 여행 중에 현지인들이 찾는 밥집만 탐한다 해도, 발 빠른 한국인들은 다 찾아내고야 마니까(웃음). 여긴 마치 숨겨진 맛집인 양 작은 문을 찾아야만 들어갈 수가 있는데, 일단 안으로 들어가면 꽤 큰 규모에 놀라게 된다. 테이블이나 의자마저 각기 다른 시대에서 온 것처럼 개성을 뽐낸다. 중세시대를 연상시키는 소품이며 조금은 어두운 조명까지, 일단 분위기에 취하고 나서 상그리아를 주문하자. 부드럽기 그지없는 문어 요리는 곁들인 병아리콩과 더불어 환상의 맛을 낸다. 쫄깃해야 하는 문어가 정신을 차리기도 전에 입속에서 사라지고 만다. 양이 많지 않아서 불만이 생길지도 모르지만, 그럼 조금씩 아껴 먹으면 되지 않을까?

분위기가 음식의 맛에 영향이 미칠 수밖에 없는 건 당연한 사실. 따

스한 봄날엔 파티오에서 온몸으로 햇살을 받으며 커피를 마셔도 좋을 것만 같다. 여유가 있다면 책과 작은 수첩도 옆에 두고, 그날의 기분을 끄적이며 말이다.

아쉽지만 레스토랑 정보를 찾아보니, 폐업했다고 한다. 여행지에서 만난 장소를 다시 구글에서 검색했을 때 표시된 'permanently closed'라는 빨간 글씨를 볼 때마다 마음 한구석이 아릿하다.

• 실패에 관하여

내가 경험한 포르투갈 맛집을 다 열거할 수는 없으니, 실패의 경험을 조금 나누려 한다. '실패'를 대신할 적절한 단어를 찾지 못했다. '아쉬움'이나 '여운' 같은 단어가 더 좋겠다.

포르투에서 비가 억수같이 내리는 날이었다. 예약해둔 와이너리 투어를 위해 숙소에서 나와 택시를 탔다. 택시기사는 사진이 예쁘게 나오는 스폿이나 도우루 강을 한눈에 내려다보기에 좋은 뷰 포인트 같은 것들을 알려주었다. 심지어 신호에 걸려 차가 멈춘 순간에는 자신의 휴대폰 사진첩을 내보이는 친절함을 덧붙였다.

"혹시 문어 요리가 맛있는 식당 알고 있나요?"라는 질문을 하자마자, 그런 것쯤은 내게 맡기라는 어깻짓을 하며 그 식당에 대한 인기와 역사와 그가 추천하여 방문했던 사람들이 얼마나 만족감을 표했는지에 대해 늘어놓는다. 그는 종이에 식당 이름까지 적어주었다. 택시에서 내릴 무렵 거짓말같이 하늘이 개었다.

하지만 그날 저녁 찾은 그 곳은 영업중지 중이었다. 일주일간 휴가라는 안내문이 A4용지에 적혀 있었다. 하…

이런 비슷한 일은 포르투갈에서 여러 번 일어났다.

포르투의 유명한 'Majestic Cafe(조앤 롤링이 해리포터를 집필했다고 하는 곳)'는 내가 찾은 여름에도 문을 닫은 기간이더니, 다시 찾은 겨울에는 무려 2주간 직원 장기 휴가기간이란다. 두 번 다 문 앞에서 울상을 하고 기념샷을 남겼다.

오비두스Obidos의 동화 같은 에어비앤비 숙소에서 추천해준 성곽 안의 로컬 레스토랑은 이미 문을 닫은 뒤였다. 대안으로 찾은 식당에서 돼지고기 스테이크를 먹었던 것 같은데, 곁들여 나온 오이샐러드는 마치 얼굴에 붙여야 할 것처럼 조각이 나 있어서 아직도 기억에 남는다.

어느 날 저녁 포르투에서는 '무얼 먹을까.' 하며 30분째 걷다가 어여쁜 간판에 사로잡혀 들어가려는 순간 깜짝 놀라고 말았다. 예닐곱개 있는 테이블은 이미 꽉 차 있었다. (전부 한국 사람들 같았다!) 기다리기엔 다들 갓 식사를 시작한 것 같아서… 결국 그날은 맥도날드 햄버거를 먹었다.

리스본에서 몇 번 파두 레스토랑을 찾았을 때도 그랬다. 「비긴어게인」 방송 전인 2017년 찾은 '아무' 파두 레스토랑에서는 관객과 소통

하며 노래를 하는 여러 명의 파두 가수들로 인해 온몸이 전율한 것에 비해, 「비긴어게인」 방송을 탔다는 유명한 파두 레스토랑은 일부러 찾아갔건만, 큰 감흥을 느끼지 못했다.

실패에 관한 이야기로 끝을 맺으려니 아쉬움에 멈칫한다. 어떤 이에게 미식여행이 주는 즐거움은 실로 엄청나기도 하니 말이다. 언젠가 '여행지에서 먹은 음식 추천하기'라는 주제로 사람들과 대화를 한 적이 있었는데 다들 각 나라에서 가장 좋았던 음식점 얘기를 하느라 흥분의 열을 감추지 못했던 기억이 난다. 나는 그때도 볼만 만지작거리며 듣기만 했고… 이런 나도 앞으로는 조금 달라지지 않을까? 어른이 되면 될수록, 먹어보고 싶은 음식이 많아지고, 또 생각나고, 그래서 아쉽고, 그렇게 음식을 통해 추억을 더듬는다는 말을 들은 적이

있다. 그 시작은 어쩌면 어린 시절 엄마가 해준 따스한 밥상이겠지만, 그 끝은 여행지에서 맛본 낯선 음식일지도 모른다. 처음 보는 재료와 소스, 그래서 이름은 생각도 안 난다 하더라도 식감은 어떠했고, 플레이팅은 어땠고, 식탁보의 색깔과 낮게 깔린 조명, 주변 사람들이 만들어 낸 소음 따위를 기억함으로써 그 음식은 두 배로 맛있는 음식으로 남아있을 테니 말이다.

포르투갈에서 사람들은 요리를 하고, 함께 그 음식을 나눠 먹는 데 시간을 쏟는다. 서민들의 삶과 역사가 담긴 식재료로 만든 음식과 와인은 사람들이 많이 모일수록 더 맛있게 느껴진다. 천연 재료의 맛을 살린 담백한 요리가 많은 이유는 직접 잡은 물고기, 직접 키운 야채와 포도처럼 신선한 식재료가 풍부하기 때문이다!

이렇듯 포르투갈에서는 음식의 역할이 중요하다. 포르투갈 한 달 여행으로 음식에 대한 이야기는 끝이 없다. 미리 맛집을 찾아오지 않아서 실패가 많은 나 같은 여행자라도 맛집 이야기는 즐거울 수 있다. 아니, 다음 여행을 위해 여운을 남기고 왔다고 해두자.

에필로그

포르투갈과 사랑에 빠질 시간

문득 제가 가진 행복에 반(反)할 때가 있습니다. '지금 너무 행복해서 불안하다.'와 비슷한 패턴인 그것은 불쑥불쑥 튀어 오르며 일종의 습관처럼 자리 잡게 되었어요. 가령 샤워를 하다가 맥연히 '내가 사랑하는 사람이 갑자기 사라지면 어쩌지.'와 같은 상상을 하기 시작하는 것이죠. 양치를 하려는데 나도 모르게 칫솔 두 개에 치약을 짜고 있을 때, 두 개의 비타민을 톡 톡 까서 나눠 먹으려고 할 때, 침대에 눕는 순간과 아침에 눈을 뜨는 순간 팔을 뻗어볼 때, 발개진 눈에 찰랑거릴 만큼 눈물을 채우고서야 그런 상상을 멈추곤 해요. 나를 슬프게 만드는 장면은 꽤 단조로운 일상의 일부라는 걸 깨닫고는 비로소 정신을 차립니다. 아무렇지 않게 일상으로 돌아오지만, 말로 설명하기 힘든 아련한 여운을 내내 안고 가요. 진짜 그런 일이 벌어진다면 무너질 일상을 소중히 안고 있고 싶어서요.

바이러스로 인해 여행을 멈춘 뒤로 시간이 많이 흘렀습니다. 일상이라는 커다란 품 안에 담아둔 '여행'이라는 선물 꾸러미를 풀어보지도 못한 채 시간은 속수무책으로 흘러갔어요. 추억에 빠져 허우적거리며 '지금'이라는 소중한 일상을 외면했습니다.

여행자라면 무릇 이러한 기다림의 시간을 즐기기도 한다는 걸 조금 늦게 깨달았어요. 언제 출발할지 알 수 없던 장거리 버스, 인터넷이 되지 않아 무작정 기다려야 했던 친구와의 약속 시간, 며칠간 줄기차게 내리던 비, 그 비가 그치고 반짝거리는 햇살을 볼 수 있기를 얼마나 기다렸나요.

　'다시 여행할 수 있을 것'이라는 희망을 조금씩 놓아간 순간이 있었지만, 그걸 포기나 단념이라고 여기지 않기로 했습니다. 곧 다시 떠날 여행을 기다리는 동안 일상을 여행처럼 살아가리라 마음먹었어요. 밤새 건조해지고 충혈된 눈을 비비면서도 뜻밖의 상황에 마주쳤을 때 감탄을 놓치지 않으려 깨어 있습니다. 이제는 제법 따스해졌고, 다시 떠날 준비를 하기에 더없이 좋은 계절이니까요.

　'당신은 왜 여행을 좋아하나요?'라는 물음에 선뜻 대답을 못 하는 대신 활짝 웃어 보이곤 했습니다. 그러니까 그 질문은 정확한 답이 없다는 것을 알면서도 해보는 무의미한 질문이며 동시에, 여행이라는 단어만으로도 생기와 활기를 불러일으키는 유의미한 질문이 아닌가 해요.

여행을 떠올리면 입꼬리가 올라가고, 심장이 쿵쾅댑니다. 이보다 더 행복한 일은 무얼까 떠올려봐요. 설렘과 불안은 늘 함께 오는 것 같지 않나요. 조금은 초조한 마음을 안고 떠나는 그 기분을 어떻게 표현하면 좋을까요. 여행은 그냥 좋은 것 아니겠어요?

누구나 마음에 품고 있는 비밀과 사랑과 상처와 아픔 같은 나만의 이야기를 스스럼없이 꺼내어 보는 시간은 주로 여행 중이었던 것 같아요. 여행에서 우리는 다시 사랑하고, 상처받고, 실망하기를 반복하지만 결국 남는 건 사랑인 것처럼요. 여행과 사랑이 좋은 이유는 수백 가지 이유를 댈 수 있으면서 동시에 말문이 막혀버리기도 하는 것처럼요. 포르투갈도 그랬습니다. 포르투갈에는 정확하게 설명하기 어려운 무언가가 있습니다. 매력적인 영화배우 같달까요. 누구나 상상할 수 있는 주인공의 모습이라기보다는, 소소하지만 자신만의 색깔이 확실히 드러나는 주인공 친구 같아요. 포르투갈은 땅이 끝나는 곳에서 또 다른 세계이자 삶인 바다가 시작됩니다. 포르투갈은 바다를 그대로 품은 땅이에요. 완벽한 날씨와 아름다운 해변과 건강한 음식과 착한 사람들이 살고 있는 나라. 책과 시인과 노래, 이별과 사랑이 공존하는 곳. 포르투갈을 직접 걸어보길, 포르투갈이 아름다운 이유를 하나 더 만들어주길 바라봅니다.

이제는 당신이 포르투갈과 사랑에 빠질 시간입니다.

반 박자 느려도 좋은
포르투갈

초판1쇄 2022년 4월 29일 **초판3쇄** 2022년 10월 19일 **지은이** 권호영 **펴낸이** 한효정 **편집교정** 김정민 **기획** 박자연, 강문희 **디자인** purple **마케팅** 안수경 **펴낸곳** 도서출판 푸른향기 **출판등록** 2004년 9월 16일 제 320-2004-54호 **주소** 서울 영등포구 선유로 43가길 24 104-1002 (07210) **이메일** prunbook@naver.com **전화번호** 02-2671-5663 **팩스** 02-2671-5662 **홈페이지** prunbook.com | facebook.com/prunbook | instagram.com/prunbook

ISBN 978-89-6782-161-6 03920
ⓒ 권호영, 2022, Printed in Korea

값 16,000원

이 도서의 국립중앙도서관 출판예정도서목록(CIP)은 서지정보유통지원시스템 홈페이지(http://seoji.nl.go.kr)와 국가자료공동목록시스템(http://www.nl.go.kr/kolisnet)에서 이용하실 수 있습니다.